Dennis Möck
Corinna Hanika

PFLANZENZAUBER
& Rauhnachtmagie

Der Zeit des
Wandels bewusst
und entspannt
begegnen

Schirner
Verlag

Dieses Buch enthält Verweise zu Webseiten, auf deren Inhalte der Verlag keinen Einfluss hat. Für diese Inhalte wird seitens des Verlags keine Gewähr übernommen. Für die Inhalte der verlinkten Seiten ist stets der jeweilige Anbieter oder Betreiber der Seiten verantwortlich.

Wir verzichten auf das Einschweißen unserer Bücher – **UNSERER UMWELT ZULIEBE!**

ISBN Printausgabe 978-3-8434-1515-6
ISBN E-Book 978-3-8434-6500-7

Dennis Möck & Corinna Hanika:
Pflanzenzauber &
Rauhnachtmagie
Der Zeit des Wandels bewusst
und entspannt begegnen
© 2022 Schirner Verlag,
Darmstadt

Umschlag: Hülya Sözer, Schirner, unter Verwendung von #1834873246 (© Preto Perola), #522096343 (© Melinda Nagy), #84504100 (© debra hughes), #1909381300 (© Mallinka1) und #1774924103 (© KM Graphic), www.shutterstock.com
Layout: Hülya Sözer, Schirner
Lektorat: Noémi Fekete, Schirner
Printed by: Ren Medien GmbH, Germany

www.schirner.com

1. Auflage Oktober 2022

Alle Rechte der Verbreitung, auch durch Funk, Fernsehen und sonstige Kommunikationsmittel, fotomechanische oder vertonte Wiedergabe sowie des auszugsweisen Nachdrucks vorbehalten

Wir widmen dieses Buch allen,
die sich auf den Weg zu sich selbst machen.

Wunder und Segen erwarten euch dort,
wo ihr wahrhaftig ihr selbst seid.

Inhalt

Vorwort 6
Was die ätherischen Öle so besonders macht 9
Allgemeine Anwendung ätherischer Öle 13
Das Geheimnis der Dunkelnächte (8.–20. Dezember) 18
  Ritual: Werde dir deiner Erfahrungen bewusst 20
  Ritual: Verabschiede dich von alten und öffne dich für neue Energien 22
  Ritual: Sende Heilung in das vergangene Jahr 24
  Ritual: Lasse deine Wünsche vom Universum erfüllen 28
Die heilsamen Kräfte der Wintersonnenwende (21. Dezember) 30
  Ritual: Befreie dich mit dem Julfeuer von negativen Energien 32
  Exkurs: Die Weisheit des Mittsommers 34
  Ritual: Dein Sonnenritual 36
Wertvolle Hinweise und Werkzeuge für die Zeit der Rauhnächte 38
  Vorbereitung auf die Nacht 42
  Manifestation deiner Wünsche 45
  Dein Visionboard 47
  Ritual: Deine Wünsche und Träume 47
  Ritual: Dein Visionboard 49
  Exkurs: Rauhnächte und Persönlichkeitsentwicklung 55
Weihrauch – ein ganz besonderes ätherisches Öl 58
  Ritual: Dein kleines tägliches Ritual mit Weihrauch 59

Die *Rauhnächte* beginnen 60

1. Rauhnacht: 24./25. Dezember 62
  Ritual: Gehe mit dem Atem der Erde 66
2. Rauhnacht: 25./26. Dezember 70
  Ritual: Verbinde dich mit deinem Höheren Selbst 73

3. Rauhnacht: 26./27. Dezember ... 80
   Ritual: Lasse in dir bedingungslose Liebe erblühen ... 83

4. Rauhnacht: 27./28. Dezember ... 88
   Ritual: Kläre dein Energiefeld ... 92
   Ritual: Vertreibe negative Gedanken ... 93

5. Rauhnacht: 28./29. Dezember ... 96
   Ritual: Öffne dich für bereichernde Beziehungen ... 100
   Ritual: Lasse unpassende Beziehungen los ... 101

6. Rauhnacht: 29./30. Dezember ... 104
   Ritual: Kläre deine Beziehungen ... 107

7. Rauhnacht: 30./31. Dezember ... 112
   Ritual: Nimm dir Zeit für deine Visionen ... 115

8. Rauhnacht: 31. Dezember/1. Januar ... 120
   Ritual: Lasse Altes gehen, und begrüße das Neue ... 124

9. Rauhnacht: 1./2. Januar ... 128
   Ritual: Segne das neue Jahr mit goldenem Licht ... 132

10. Rauhnacht: 2./3. Januar ... 136
   Ritual: Begegne deinem zukünftigen Ich ... 139

11. Rauhnacht: 3./4. Januar ... 146
   Ritual: Schüttle ab, was dich lähmt ... 149

12. Rauhnacht: 4./5. Januar ... 154
   Ritual: Reflektiere über die vergangenen Rauhnächte ... 157
   Ritual: Halte deine königliche Zeremonie ab ... 158

Heilige Drei Könige: 5./6. Januar ... 162
   Abschlussritual: Vertiefe deine Erkenntnisse ... 165

Nachwort ... 170
Danksagung ... 172
Über die Autoren ... 175
Bildnachweis ... 176

Vorwort

Noch vor einigen Jahren gab es nur wenige Menschen, die sich bewusst der heiligen Zeit zwischen der Wintersonnenwende am 21. Dezember und dem Dreikönigstag am 6. Januar zuwandten. Doch das hat sich inzwischen geändert. Unsere Welt befindet sich im Wandel, und die Menschheit erwacht zunehmend in ein neues Bewusstsein hinein. Immer mehr von uns wird klar, dass es an ihnen selbst liegt, wie ihr Leben verläuft, weil sie es selbst gestalten können.

Darüber hinaus gibt es ein wachsendes Bedürfnis nach Sinn und Erfüllung weit über materielle Dinge hinaus. Diese Suche nach einer Rückverbindung mit dem Ursprünglichen zeigt sich unter anderem in einem zunehmenden Interesse an spirituellen Themen. Das bewusste Durchschreiten der zwölf Rauhnächte gehört zweifelsohne dazu.

Der Ursprung der Rauhnächte geht wahrscheinlich auf den germanischen Mondkalender zurück. Dieser umfasste 354 Tage und somit 11 Tage bzw. 12 Nächte weniger als unser heutiger Sonnenkalender. Weil sie im Mondkalender nicht existierten, glaubten die Menschen damals, dass die Gesetze der Zeit in diesen Nächten außer Kraft gesetzt wären und die Grenzen zu anderen Welten dünner würden.
Die Etymologie der Bezeichnung »Rauhnächte« ist umstritten. Vermutlich kann sie auf das mittelhochdeutsche »rûch« – »haarig« zurückgeführt werden und bezieht sich auf die äußerst behaarten dämonischen Wesen, die in diesen Nächten Angst und Schrecken verbreiten sollen. Eine andere Theorie besagt, dass die Herkunft auf das Wort »Rauch« zurückgeht, da in dieser Zeit die Häuser mit Weihrauch ausgeräuchert wurden.

Die Rauhnächte werden auch als Orakelnächte bezeichnet. Seit jeher besteht der Glaube, dass das, was wir in diesen Nächten träumen, das kommende Jahr bestimmt. In der germanischen Mythologie saust der

Gott Odin in dieser Zeit mit der Wilden Jagd durch die Lüfte. In seinem Gefolge befinden sich die Seelen der Verstorbenen. Wer die Wilde Jagd beobachtet, wird von ihr erfasst und mitgerissen. Daher, so heißt es, sollte man sich in den Rauhnächten zurückziehen, sich still verhalten und die Zeit zur inneren Einkehr nutzen.

Den Samen für dieses Buch haben wir in den letzten Rauhnächten gesetzt. In ihnen haben wir wie bereits in den vergangenen Jahren intensiv mit den ätherischen Ölen gearbeitet und das als ungemein unterstützend und bereichernd erlebt. Diese Erfahrung wollen wir mit diesem Buch an dich weitergeben. Es enthält wertvolle Tipps zur Anwendung ätherischer Öle in den Rauhnächten sowie wirksame Impulse für ein selbstbestimmtes Leben.

Wir sehen uns als Reisende zwischen der physischen Welt und der Geistigen Welt und stellen als Vermittler eine Brücke zwischen diesen her. So können wir dir einen leichten Zugang zur Geistigen Welt ermöglichen. Wir werden dich auf unbewusste Themen aufmerksam machen und dir ganz praktisch zeigen, wie du die Rauhnächte mit ätherischen Ölen gezielt für dich gestalten kannst. Sei dir sicher, dass sich dein Leben zum Positiven wandeln wird, wenn du die Zeit ganz bewusst für eine Bestandsaufnahme und Neuausrichtung nutzt, du die Verantwortung für dich selbst übernimmst und täglich darauf hinwirkst, dir deine gewünschte Zukunft zu kreieren. Je mehr Raum du dir zum Erspüren deiner Wünsche und Bedürfnisse nimmst, desto gefestigter und bewusster kannst du der neuen Zeit und dem kommenden Jahr entgegenblicken.

Wir zeigen dir, wie du tief in dich hineinlauschen und deiner inneren Weisheit folgend das Neue weben kannst. Du erfährst, wie du aus der Kraft deiner Seele heraus deine Wünsche manifestierst und dabei viel Segen aus den höchsten Sphären erfährst.
Und was wir dir vorab schon mit auf den Weg geben möchten: Wenn du nun in der Zeit der Rauhnächte aktiv daran arbeiten möchtest, eine Veränderung im Außen herbeizuführen, schließt das deinen inneren Wandel mit ein.

Unsere Reise beginnt in den Dunkelnächten. Wir feiern gemeinsam die Wintersonnenwende und begehen jeden einzelnen Tag der Rauhnächte mit dem Zauber der ätherischen Öle. Wenn wir im Einklang mit der Natur leben und uns ihren Rhythmen anpassen, erleben wir eine größere Harmonie im Leben.

In unserem, Dennis' und Corinnas, ersten gemeinsamen Werk »Holistische Aromatherapie für die Seele« haben wir den Grundstein für dieses Buch gelegt und bereits viele Aspekte der Arbeit mit den ätherischen Ölen beschrieben. Wir laden dich herzlich ein, es zu lesen, weil es dieses Buch, in dem wir den Fokus auf die Verwendung der ätherischen Öle in den Rauhnächten legen, wunderbar ergänzt.

 **Tipp:** *Wenn du die Rauhnächte gemeinsam mit uns erleben möchtest, dann sichere dir hier deinen Zugang zu tagesaktuellen Impulsen und Anleitungen: www.corinnahanika.com/rauhnachtmagie.*

Und wie immer ist unser Angebot an dich: Wenn am Ende des Buches noch Fragen offengeblieben sind, dann schreibe gern eine E-Mail an info@corinnahanika.com. Wir sind für dich da.

Nun mache es dir gemütlich, und lasse uns beginnen.

Mögen sich deine Wünsche und Träume erfüllen und zum Wohl aller beitragen.

Deine Corinna und dein Dennis

Was die ätherischen Öle so besonders macht

Ohne Pflanzen gäbe es kein menschliches oder tierisches Leben auf der Erde. Ätherische Öle enthalten die Essenz der Pflanzen und verbinden uns mit der Natur, unserem Ursprung.
Um zu verdeutlichen, welchen besonderen Zauber sie in den Rauhnächten bewirken, vorab ein paar Informationen zu den ätherischen Ölen: ihrem Nutzen für die Pflanzen, ihrer Gewinnung für den Menschen und unter welchen Voraussetzungen sie ihr volles Wirkspektrum entfalten können.
Pflanzen produzieren ätherische Öle, um mit ihrer Umwelt zu kommunizieren und zu interagieren. Sie dienen ihnen zum Schutz vor Schädlingen und zum Erhalt ihrer Vitalität, Gesundheit und Widerstandsfähigkeit. Daher könnte man ätherische Öle auch als das Immunsystem der Pflanzen bezeichnen. Darüber hinaus sind sie auch wichtig für die Vermehrung der Pflanzen, indem sie Insekten und Früchtefresser anlocken, die die Pollen und Samen verbreiten. Ätherische Öle befinden sich in den Blättern, Blüten, Wurzeln, der Rinde und der Schale der Früchte.

Je achtsamer die Pflanzen angebaut, gepflegt, geerntet und destilliert werden, desto wertvoller sind sie für uns, weil ihr Wirkspektrum umso umfangreicher ist. Optimalerweise stammen die Pflanzen, aus denen das ätherische Öl gewonnen wird, aus ihrem Ursprungsland oder werden unter gleichen klimatischen Verhältnissen nachhaltig angebaut und erhalten so die besten Bedingungen für ihr Wachstum. Dabei sollte auf jegliche Schadstoffe verzichtet werden. Hochwertige biologische Öle aus nachhaltigem Anbau haben daher berechtigterweise einen hohen Preis.

Die bekanntesten Herstellungsverfahren für ätherische Öle sind Kaltpressung, Enfleurage, CO_2-Extraktion und Wasserdampfdestillation.

Ätherische Öle haben durch ihren feinstofflichen Charakter die Fähigkeit, direkt in dein limbisches System zu gelangen, den Bereich im Gehirn, der die Emotionen steuert und das Erinnerungsvermögen anspricht.

Folgende Parameter wirken sich auf den Duft und die Charakteristik eines Öls aus:

* der Lebensraum der Pflanze
* die klimatischen Bedingungen
* die Beschaffenheit des Bodens
* die Fressfeinde der Pflanze, gegen die sie sich behaupten muss
* der gesamte Prozess der Herstellung des ätherischen Öls – von der Aussaat über die Ernte bis hin zum Verfahren der Ölgewinnung

Wer weiß, weshalb und unter welchen Umständen die Pflanzen ihre spezifischen ätherischen Öle bilden, kann sich auch das Spektrum der Wirkungen eines Öls auf den Menschen herleiten. Bei der Anwendung ist es wichtig, sich bewusst zu sein, dass es dabei immer auch darum geht, in einen achtsamen Dialog mit Mutter Erde zu treten und so die ursprüngliche, natürliche Balance von Mensch und Natur wiederherzustellen.

»Es ist nicht genug, zu wissen,
man muss auch anwenden,
es ist nicht genug, zu wollen,
man muss auch tun.«

Johann Wolfgang von Goethe

All deine Sachkenntnis über ätherische Öle kann nur durch deren regelmäßigen Gebrauch zu einem kostbaren und umfangreichen persönlichen Erfahrungsschatz werden, denn in der Anwendung wandelt sich Wissen in Erfahrung. Diese Erfahrung wird dann zu gelebter Weisheit. So wirst du zur gegebenen Zeit genau wissen, welches Öl dich und dein Umfeld in der jeweiligen Situation am besten unterstützen kann, und du wirst bald zu deinem ganz persönlichen Öleexperten. Die Basis aller Freiheiten ist auch in der Aromaarbeit die bewusst gewählte Eigenverantwortung.

Ätherische Öle sind Licht in Flaschen. Sie enthalten die gebündelte Kraft der Sonne und des Mondes, die die Pflanzen, aus denen die Öle gewonnen werden, am Tag und in der Nacht in sich aufnehmen. Die reine Energie ätherischer Öle berührt uns auf allen Ebenen unseres Seins, der körperlichen, der geistigen und der seelischen, und wirkt dabei immer genau dort, wo sie gebraucht wird. Vor allem feinfühlige Menschen können bei der Anwendung unmittelbar wahrnehmen, wie sich ihre eigene Schwingungsfrequenz erhöht.

Gerade in den Rauhnächten, einer Zeit, in der die Schleier zwischen den Dimensionen besonders dünn sind und wir die Weichen für das neue Jahr stellen, sind ätherische Öle mit ihren feinen Schwingungen und heilsamen Energien die perfekten Begleiter.

Sie schärfen deine Wahrnehmung und aktivieren deinen sechsten Sinn, deine Intuition. Ätherische Öle helfen dir zudem dabei, dich von geistigen und körperlichen Unreinheiten zu befreien. In ihrem einzigartigen Wirken können sie dabei bis auf deine Zellebene vordringen.

Ätherische Öle bringen dir einerseits den frischen Wind der Veränderung und den Mut, für dich einzustehen, und andererseits tiefe Entspannung und Frieden. Sie helfen dir beim bewussten Gestalten deiner freudvollen Zukunft und beim Leben deiner wahren Bestimmung. Sie können dich zu deiner eigenen Wahrhaftigkeit führen und dich dabei unterstützen, deine Schwingung hoch zu halten.

Befreie dich mithilfe von ätherischen Ölen von Stress, Druck und alten Gewohnheiten, die dich in deinem Hamsterrad gefangen halten. Überprüfe wie bei einem Hausputz, was dir Freude bringt und deshalb bleiben kann und was ausgedient hat und gehen darf.

Ätherische Öle stehen dir natürlich nicht nur in den Rauhnächten, sondern jederzeit dienend zur Seite. Je offener du für ihre Energie bist, desto mehr werden sie dir über dich, die Essenz deines Seins, offenbaren und dich in deinen Beziehungen zu deinem Umfeld unterstützen. Das Öl der Myrte beispielsweise, das wir in der sechsten Rauhnacht verwenden, hilft dir unter anderem dabei, dein Herz- und dein Kehlchakra miteinander zu verbinden. Wenn du ein Fläschchen zu Hause hast, nimm es zur Hand, öffne es, atme den milden Duft ein und öffne dich so dem Wesen der Myrte. Herrlich erfrischend umhüllt dich ihre Präsenz. Spüre ihre Reinheit und Weite, und erkenne, dass du ganz du selbst sein und deine Herzenswahrheit aussprechen darfst.*

Damit du die entsprechenden ätherischen Öle zur jeweiligen Rauhnacht parat hast, folgt hier eine Übersicht:

* 1. Rauhnacht: Vetiver, Fichte, Zeder, Zypresse und Balsamtanne
* 2. Rauhnacht: Weihrauch und Onycha
* 3. Rauhnacht: Jasmin und Rosengeranie
* 4. Rauhnacht: Nelke und Wacholder
* 5. Rauhnacht: Geranie und Bergamotte
* 6. Rauhnacht: Salbei, Myrte und Ylang-Ylang
* 7. Rauhnacht: Neroli und Traumfängermischung
* 8. Rauhnacht: Myrrhe, Weihrauch und Limette
* 9. Rauhnacht: Zimt, Schwarzfichte und Orange
* 10. Rauhnacht: Blaufichte und Goldrute
* 11. Rauhnacht: Angelica und Loslassenmischung
* 12. Rauhnacht: Heiliger Weihrauch, Ysop und Schwarzfichte
* Heilige Drei Könige: Weihrauch, Myrrhe und Idaho Grand Fir

---

* Wenn du ganz unabhängig von den Rauhnächten mehr über ätherische Öle erfahren möchtest, lies in unserem Buch »Holistische Aromatherapie für die Seele« die einzelnen Pflanzenporträts nach.

Allgemeine Anwendung ätherischer Öle

Ätherische Öle sind ein Segen. Sie bringen dir Ruhe, Klarheit und Ausgeglichenheit. Gute Entscheidungen basieren auf einem entspannten Geist. Und kraftvolle Manifestation gelingt dir in einer bewussten Ausrichtung auf die Balance zwischen deinem Körper, deinem Geist und deiner Seele.

Es gibt verschiedene Möglichkeiten, ätherische Öle anzuwenden. In diesem Kapitel stellen wir dir einige davon vor. Solltest du gerade erst beginnen, mit ätherischen Ölen zu arbeiten, kannst du zunächst einfach das ausprobieren, was dich am meisten anspricht.

Am leichtesten kannst du die Energie ätherischer Öle in Form einer **Handinhalation** in dich aufnehmen:

* Nimm deine ätherischen Öle zur Hand, und stelle sie vor dir auf.

* Wähle bewusst oder intuitiv ein Fläschchen, das dich anspricht, und sei dabei offen für ein Wunder. Schlüpfe sozusagen in die Schuhe eines Kindes, sei neugierig und bereit, Neues zu entdecken und zu staunen.

* Halte das geschlossene Fläschchen deiner Wahl zunächst vor dein Herzzentrum. Bedanke dich für die Möglichkeit, eine neue Erfahrung machen zu dürfen. Erspüre das ätherische Wesen der Pflanze, und nimm geistig Kontakt zu ihm auf.

* Drehe dann den Deckel des Fläschchens ab, und führe ihn achtsam in die Nähe deiner Nase.*

* Der erste Kontakt mit einem ätherischen Öl darf wie ein achtsamer Tanz sein, eine sanfte Annäherung wie bei einem ersten Date. Warum sich sofort mit Öl überschütten, wenn es doch zunächst im zarten Erkunden so viel zu entdecken gibt? Zu einem späteren Zeitpunkt hast du die Möglichkeit, mit dem Öl zu experimentieren. Du kannst es dann zum Beispiel als Badezusatz verwenden oder mit ihm deinen Körper salben. Doch zuerst darfst du die Magie genießen, die in der sanften Vereinigung des Duftes mit deinem Aurafeld und den feinstofflichen Aspekten deines Seins begründet liegt.

* Findest du den Duft, der von dem Deckel ausgeht, angenehm? Wenn ja, dann führe das Fläschchen behutsam unter deine Nase. Atme den Duft sanft über dem Fläschchen ein und daneben wieder aus. So hältst du dein Fläschchen sauber, und dein Öl bleibt dir lange Zeit in seiner Frische erhalten.

* Nun kommt der Augenblick der ersten körperlichen Begegnung. Lasse einen einzelnen Tropfen in deine Hand fallen. Aktiviere das Öl, indem du es sanft mit dem Zeige- und dem Mittelfinger deiner anderen Hand oder zwischen deinen Handflächen verreibst.

* Forme nun deine Hände zu einer Schale, führe sie achtsam vor dein Gesicht, und genieße den Duft, der aus deinen Händen strömt. Atme ihn ganz bewusst ein, und nimm seine Wirkung auf deinen Körper und deinen Geist wahr.

Hinweis: In die Aktivierung des Öls kannst du zugleich einen Wunsch, eine Intention oder eine Ausrichtung für die gewünschte Wirkung des Öls hineingeben. Ätherische Öle sind (wie Wasser) Informationsträger.

---

* Solltest du dich in einem Geschäft befinden, erkundige dich, ob es Probefläschchen zum Testen der ätherischen Öle gibt. Falls nicht, kannst du dich gegebenenfalls vor Ort beraten lassen und die restlichen Schritte der Handinhalation zu Hause durchführen.

Du kannst ätherische Öle für eine entspannende **Ganzkörpermassage** nutzen. Dabei gelangen sie über die Haut direkt in deinen Blutkreislauf und werden so in jede einzelne deiner Körperzellen transportiert.

* Fülle ein Trägeröl, zum Beispiel Mandelöl, in eine Schale für eine einmalige Anwendung oder in eine Flasche für mehrere Anwendungen.

* Gib zunächst nur einen Tropfen deines ätherischen Lieblingsöls dazu. Steigere je nach gewünschter Intensität des Duftes die Anzahl der Tropfen. Vermische schließlich die Öle, indem du sie mit einem Löffel verrührst oder die Flasche gut verschließt und kräftig schüttelst.

* Begib dich in einen Raum, in dem du ungestört bist. Schaffe dir eine gemütliche Atmosphäre, zum Beispiel, indem du den Raum abdunkelst, Kerzen anzündest und meditative Musik abspielst.

* Entkleide dich, setze dich hin, gib etwas von der Ölemischung in deine Hände, und massiere in kreisenden Bewegungen zunächst sanft deine Arme von den Schultern bis zu den Händen. Massiere dann auf gleiche Weise deine Oberschenkel, deine Unterschenkel und deine Füße. Massiere deine Brust und deinen Bauch. Für eine Anwendung am Rücken bitte jemanden um Unterstützung.

* Spüre, wie deine Haut samtig weich wird und deine Muskulatur sich lockert. Wenn du mit der Massage fertig bist, lasse sie mit einem Lächeln auf den Lippen ausklingen, umarme dich, und danke dir selbst für dieses wohltuende Geschenk.

* Integriere diese Art der Selbstfürsorge regelmäßig in deinen Alltag. Wenn du nicht die Zeit hast, jedes Mal eine Ganzkörpermassage durchzuführen, massiere einfach nur die Stelle, die du gerade massieren möchtest.

Auch kannst du **Wellnessanwendungen** mit ätherischen Ölen in Anspruch nehmen. Dabei entspannt sich die Muskulatur, die Organe werden gestärkt, und die Zellen werden gereinigt. In den Rauhnächten ist das besonders empfehlenswert, weil du dich so von Altlasten befreien und dem neuen Jahr sowie deinem neuen Ich aufrecht und gestärkt entgegentreten kannst.*

Das **Diffundieren** stellt eine weitere Möglichkeit dar, ätherische Öle anzuwenden. Dadurch reinigst du deine Räume auf energetischer Ebene und verwandelst sie so in Wohlfühloasen für dich und deine Mitmenschen. Gib dafür einige Tropfen des ätherischen Öls deiner Wahl in den Diffuser, lehne dich entspannt zurück, und genieße den wohltuenden Duft.

Tipp: *Für eine reinigende, schützende und aufrichtende Wirkung mische 3 Tropfen Idaho Grand Fir mit 1 Tropfen Myrte.*

Hinweis: Nutze zum Diffundieren am besten einen Kaltdiffuser. Er zeichnet sich dadurch aus, dass das Wasser darin nicht erhitzt wird. So stellst du sicher, dass dein schonend hergestelltes Öl nicht in seiner Qualität gemindert wird. Hochwirksame ätherische Öle werden in einem sanften Destillationsprozess ohne große Hitze und hohen Druck gewonnen, um die bestmögliche Qualität zu gewährleisten. Damit sie ihre Wirkung für dich im vollen Umfang entfalten können, ergibt es Sinn, bei der Anwendung auf Teelichter wie in Duftlampen zu verzichten.

---

* *In unserem Buch »Holistische Aromatherapie für die Seele« erfährst du mehr über die Aufrichtung der Wirbelsäule und die Bedeutung des damit verbundenen aufrechten Seins.*

Wenn du möchtest, kannst du dir für unterwegs auch ein **Spray** mit ätherischen Ölen herstellen:
Besorge dir dafür eine 50-ml-Glassprühflasche (idealerweise Blau- oder Braunglas), und befülle sie mit destilliertem bzw. reinem Wasser. Gib so viele Tropfen des ätherischen Öls oder der Ölemischung deiner Wahl dazu, wie dir beliebt. Schüttle die Mischung gut durch, und sprühe sie, sooft du möchtest, in deine Aura.

Auch ein **Roll-on** ist ausgezeichnet für unterwegs geeignet:
Besorge dir eine leere Roll-on-Flasche. Befülle sie mit einem Trägeröl deiner Wahl wie Jojoba- oder Mandelöl. Gib so viele Tropfen deines ätherischen Lieblingsöls hinein, wie dir zusagt, und schüttle die Flasche gut durch.

In einem warmen **Bad** mit **Ylang-Ylang, Lavendel, Melisse, Orange, Sandelholz** oder **Bergamotte** lässt es sich bei Kerzenschein ganz wunderbar entspannen. Vermische dazu ein paar Tropfen ätherischen Öls mit einem Trägeröl. Vermenge die Ölemischung mit einem Emulgator, um eine Verbindung zwischen Öl und Wasser zu erzielen. Dafür eignen sich 1–2 EL Oliven-, Mandel- oder Sesamöl sowie 1 Tasse Sahne, 1–2 EL Meersalz oder Honig.

Neben all diesen Möglichkeiten kannst du einige ätherische Öle auch über deine **Ernährung** zu dir nehmen. Sie sind reichhaltige Elektronenspender und schenken dir neben ihrem herrlichen Geschmack viele gesundheitliche Vorteile. Werden sie oral aufgenommen, gelangen ihre Moleküle direkt über die Mundschleimhaut und den Magen-Darm-Trakt in deine Körperzellen.
Achte bei der Einnahme des Öls auf seine Zertifizierung und Zulassung als Nahrungsergänzungsmittel.

Das Geheimnis der Dunkelnächte (8.–20. Dezember)

Die ätherischen Öle können uns nicht nur in den Rauhnächten unterstützen. Bereits in den vorausgehenden Dunkelnächten vertiefen sie mit ihren feinen Schwingungen unsere Wahrnehmungen und Erfahrungen.

Die Dunkelnächte beginnen am 8. Dezember mit Mariä Empfängnis, dem Tag, an dem die heilige Anna, die auch als Göttin der Erde oder Urmutter bezeichnet wird, ihre Tochter Maria, die Mutter von Jesus, empfing. Nach alter Überlieferung sendete die Sonne an diesem Tag ein Licht der Hoffnung zur Erde, das die Wiederkehr des großen Lichts verkündete. In den Dunkelnächten erleben wir die Zeit der größten Dunkelheit, während das Licht ab der Wintersonnenwende am 21. Dezember wieder jeden Tag zunimmt.

Jede der zwölf Dunkelnächte steht für einen Monat des Jahres, im Unterschied zu den Rauhnächten sind es jedoch nicht die kommenden Monate des neuen Jahres, sondern die vergangenen des alten.

Übersicht der Dunkelnächte:

- 8./9. Dezember – Januar
- 9./10. Dezember – Februar
- 10./11. Dezember – März
- 11./12. Dezember – April
- 12./13. Dezember – Mai
- 13./14. Dezember – Juni
- 14./15. Dezember – Juli
- 15./16. Dezember – August
- 16./17. Dezember – September
- 17./18. Dezember – Oktober
- 18./19. Dezember – November
- 19./20. Dezember – Dezember

Da es früher üblich war, im Dezember alle landwirtschaftlichen Geräte, die für die Ernte verwendet worden waren, zu reinigen, zu reparieren und sie anschließend im Schuppen wegzusperren, werden die Dunkelnächte auch »Sperrnächte« genannt.

Heutzutage nutzen wir sie, um Rückschau zu halten. Wir tauchen in die letzten zwölf Monate ein, durchleben und durchfühlen sie also erneut. Auf diese Weise können wir alle Energien, die wir in dieser Zeit in uns aufgenommen haben, klären, mit der Vergangenheit in Frieden kommen und uns neu ausrichten. Indem wir das Vergangene reflektieren, wandeln wir unsere Erkenntnisse in Weisheit. Weisheit, die uns hilft, einen fruchtbaren Nährboden für die Rauhnächte und das neue Jahr zu erschaffen.

Durch den reflektierten Blick auf die Vergangenheit ermöglichen wir es uns, Fortschritt und Wachstum zu kreieren.

Ritual:
Werde dir deiner Erfahrungen bewusst

Nimm dir in der ersten Dunkelnacht Zeit für diese Übung. Sie bildet die Basis, um deine Erfahrungen ordnen und reflektieren zu können. Das ätherische Öl der Nelke unterstützt dich dabei, an verdrängte Erlebnisse zu gelangen und sie aus den Tiefen deines Selbst hochsteigen zu lassen. Die Übung »Sende Heilung in das vergangene Jahr« (siehe S. 24) bietet dir anschließend die Möglichkeit, diese Erfahrungen zu verändern. Denn wisse: Es ist niemals zu spät, deine Lebenswirklichkeit zu wandeln.

Du brauchst:
* ätherisches Öl: Nelke oder eine Ölemischung, die Nelke enthält
* einen Diffuser (wenn du einen zur Hand hast)

Gib 3–5 Tropfen des ätherischen Öls in den Diffuser, und lasse diesen während der Übung laufen. Alternativ kannst du 1–2 Tropfen zwischen deinen Handflächen verreiben und den Duft des Öls immer wieder aus ihnen inhalieren.

Beantworte nun in Gedanken folgende Fragen zu den jeweiligen Emotionen:

- SCHULD & SCHAM: »Wem gegenüber fühle ich mich schuldig? In welchen Situationen im vergangenen Jahr habe ich Scham empfunden?«
- WUT & ÄRGER: »Was hat mich im letzten Jahr wütend gemacht? Worüber habe ich mich geärgert oder aufgeregt?«
- ANGST: »Was waren meine Ängste und Befürchtungen? In welcher Situation spürte ich die stärkste Angst?«
- VERLANGEN: »Was wollte ich unbedingt erreichen, ohne es verwirklichen zu können?«
- MUT: »In welchem Monat oder welchen Monaten war ich mutig? In welchen Augenblicken bin ich für mich eingestanden oder habe richtungsweisende Entscheidungen getroffen?«
- LIEBE: »In welcher Form hat sich mir die Liebe offenbart? Wen habe ich meine Liebe spüren lassen? Wer hat sie mich erfahren lassen?«
- FREUDE: »Was hat mir tiefe Freude und Glückseligkeit beschert? Wodurch konnte ich aufblühen?«
- FRIEDEN: »Was hat mich meinen eigenen Himmel auf Erden spüren lassen? Wie habe ich einen Zustand von innerem und äußerem Frieden erzeugt? Welche äußeren Begebenheiten haben dazu geführt, dass ich innerlich Frieden empfinde?«

Beantwortest du diese Fragen, kannst du erkennen, wie gut das vergangene Jahr wirklich für dich gelaufen ist. Das Bewusstmachen deiner Emotionen ist der erste Schritt, die Vergangenheit zu bereinigen.

Ritual: Verabschiede dich von alten, und öffne dich für neue Energien

In dieser Übung lassen wir zunächst am Abend die Themen aus dem alten Jahr, die nicht mehr zu uns gehören, ziehen. Myrte, das ätherische Öl der Vergebung, Befreiung und Klarheit, hilft uns dabei, vergangene Erfahrungen aus einer anderen Perspektive zu betrachten und uns von negativen Gefühlen, die wir mit ihnen verbinden, zu befreien. Das Öl der Römischen Kamille unterstützt uns dabei, Wut, Aggressionen und innere Spannungen, die uns häufig lähmen und uns dadurch hindern, unseren Weg weiterzugehen, zu lösen und loszulassen.

Am nächsten Morgen dürfen wir uns bewusst machen, dass wir jeden Moment selbst kreieren und das anziehen, was wir aussenden. Dazu gehört es auch, unsere Schattenthemen und die Bereiche unseres Lebens zu erkennen, in denen wir uns hinter Rollen und Masken verstecken. Durch Schattenarbeit können wir blockierte Energien wieder fließen lassen, zum Beispiel unsere Kreativität. Dabei steht uns das ätherische Öl Schwarzer Pfeffer zur Seite.

Führe das Ritual während der Dunkelnächte täglich durch.

Du brauchst:
* ätherische Öle: Römische Kamille, Myrte und Schwarzer Pfeffer

Am Abend:

Trage vor dem Schlafengehen 1–2 Tropfen Myrte auf den Bereich deines Herzens und auf die rechte Seite deines Oberbauchs unterhalb des Zwerchfells, des Sitzes deiner Leber, auf.

Schließe deine Augen, und lasse einfach geschehen. Eine Energie, die das göttliche Licht in sich trägt, durchströmt deinen Körper und wird in diesem aktiviert. Wie ein Film läuft nun der vergangene Monat, der mit dieser Dunkelnacht in Verbindung steht, vor deinem inneren Auge ab. Betrachte in Ruhe die Bilder, und verabschiede dich wohlwollend von dem, was nicht mehr zu dir gehört. Öffne danach deine Augen wieder.

Trage 1–2 Tropfen Römische Kamille auf deine Fußsohlen sowie dein Drittes Auge, deine Fontanelle und deinen Hinterkopf auf. Fühle, wie Römische Kamille in deinen unbewussten inneren Raum strömt und ihn in dein Bewusstsein holt. Wenn du möchtest, kannst du für eine intensivere Wirkung zusätzlich 1–2 Tropfen auf dein Kopfkissen geben und dich von der Kamille ins Reich der Träume geleiten lassen.

Am nächsten Morgen:

Trage direkt nach dem Aufstehen jeweils 1 Tropfen Schwarzer Pfeffer auf deine Fußsohlen auf, um deinen Körper mit Energie zu fluten, neue Gedankengänge zu ermöglichen und deine Kreativität anzuregen. Zudem hilft dir das ätherische Öl dabei, die Entwicklung, die du gerade durchläufst, leichter zu verarbeiten und in dein Sein zu integrieren.

Ritual:
Sende Heilung in das vergangene Jahr

Über energetische Zeitlinien, die du dir als die Gegenwart mit der Vergangenheit verbindende Schnüre vorstellen kannst, ist es dir möglich, in jeden Monat des vergangenen Jahres Lichtperlen des Segens und der Vergebung zu senden und ihn mit der Energie deines Lichts und deiner Liebe aufzuladen. So heilst du negative Erfahrungen und schreibst deine Vergangenheit liebevoll um. **Führe die Übung jeden Morgen oder Abend innerhalb der Dunkelnächte durch.**

Du brauchst:
* ätherische Öle: Weihrauch und Blütenöl wie Rose, Geranie, Jasmin, Ylang-Ylang oder Neroli

Gib 1–2 Tropfen Weihrauchöl in eine Hand, und nimm es mit dem Zeige- und dem Mittelfinger der anderen Hand auf, indem du es sanft verreibst. Trage das Öl mit diesen Fingern in kreisenden Bewegungen in folgender Reihenfolge auf deine Hauptchakras auf:
- Wurzelchakra – am Ende des Steißbeines
- Sakralchakra – unter dem Bauchnabel, oberhalb des Schambeines
- Solarplexuschakra – oberhalb des Bauchnabels
- Herzchakra – in der Brustmitte auf Höhe des Herzens
- Halschakra – etwas unterhalb des Kehlkopfes
- Stirnchakra – oberhalb der Augenbrauen in der Stirnmitte
- Kronenchakra – oberhalb des Scheitels

Lege deine Hände einen Augenblick lang auf deinen Kopf, und spüre, wie die Energie dieses kostbaren Öls durch deinen Körper in all deine Zellen fließt, deinen Geist berührt und deine Seeleninformationen, die Erfahrungen, die du aus vergangenen Leben in dir trägst, erweckt.

Gib anschließend 1–2 Tropfen des Blütenöls deiner Wahl in eine Hand, und nimm es auf, indem du es mit dem Zeige- und dem Mittelfinger deiner anderen Hand verreibst. Trage das Öl mit diesen Fingern auf den Bereich deines Herzens auf.

Begib dich geistig in die Geschehnisse und Erlebnisse des Monats, der der heutigen Dunkelnacht zugeordnet ist, und stelle dir folgende Fragen:
- »Wie habe ich mich in dieser Zeit gefühlt?«
- »Welche Menschen haben mich begleitet?«
- »Was habe ich erschaffen?«
- »Hätte dieser Monat einen Titel, wie würde dieser lauten?«

Stelle dir nun vor, wie du das Tor zu deinem Herzen weit aufstößt. Ziehe deine Schultern nach hinten, und atme tief ein und aus. Nimm die winzige Lichtperle in deinem Herzen wahr, die sich hinter dem Tor befindet, und spüre, wie sie mit jedem Atemzug wächst und sich in alle Richtungen ausdehnt.

Lasse diese Lichtperle immer größer werden. Schenke ihr deine ganze Aufmerksamkeit, und fülle sie mit deiner Liebe. Sobald du spürst, dass die Lichtperle vollkommen ausgefüllt ist, sende sie wie auf einer Schnur zurück in den jeweiligen Monat. Atme dabei tief ein und aus.

Lasse das Licht der Perle in all deine Erlebnisse des Monats fließen, ganz besonders in jene, die sich für dich unangenehm angefühlt haben oder nicht so liefen, wie du es dir gewünscht hättest.

Sende das Licht auch zu den Menschen, mit denen du in dieser Zeit in Berührung gekommen bist, zu den Orten, die du aufgesucht hast, den Tieren, die dir begegnet sind, und den Gegenständen, die dir in Erinnerung geblieben sind.

Lasse das Licht so lange fließen, bis du spürst, dass du diesen Monat mit deinem Licht und all deiner Liebe vollkommen aufgefüllt hast. Das ist der Moment, in dem ein heiliger Akt der Heilung stattfindet. Die Vergangenheit wird mit deinem heutigen, liebenden und lichtvollen Bewusstsein neu geschrieben.

Impulse für die Dunkelnächte

- Schreibe den Menschen, die dir wichtig sind, einen Brief. Bedanke dich darin für eure Erlebnisse im vergangenen Jahr, für eure Beziehung und euer gemeinsames Wachstum – für alles, wofür du in Verbindung mit der jeweiligen Person dankbar bist.

- Bringe Ordnung in deine Finanzen. Begleiche offene Rechnungen, und zahle, sofern es dir möglich ist, alle Schulden zurück, die du gegebenenfalls gemacht hast.

- Erstelle eine Liste von negativen Gedanken über dich selbst, die du ab jetzt nicht mehr haben möchtest. Das können Gedanken sein wie »Ich kann das nicht«, »Ich bin zu klein dafür« oder »Das ist zu groß für mich«.

- In der Ausrichtung auf das neue Jahr gilt es, mit dem alten Jahr auch bewusst Selbstsabotage und hinderliche Glaubenssätze hinter dir zu lassen. Du schwingst dich in ein neues Bewusstsein auf. Je bewusster du dir deiner limitierenden Gedanken bist, desto leichter kannst du sie loslassen und neue, positive Gedanken in dein Leben integrieren.

Ritual: Lasse deine Wünsche vom Universum erfüllen

In der Rückschau auf das alte Jahr kann sich dir bereits offenbaren, was du im neuen Jahr noch stärker in dein Leben integrieren, welche Ziele du erreichen möchtest. Mit diesem Ritual übergibst du deine Wünsche dem Universum – im Vertrauen darauf, dass es dich erhören wird.

Du brauchst:
- 13 gleich große Zettel
- einen Stift
- ein schönes Kästchen oder einen hübschen Beutel
- eine Feuerstelle oder -schale
- Brennmaterial
- Streichhölzer oder ein Feuerzeug

Nimm dir zunächst ausreichend Zeit dafür, dich deiner Werte zu besinnen. Beantworte folgende Fragen:
- »Wer oder was ist mir wirklich wichtig im Leben?«
- »Wer lässt mein Herz vor Freude höherschlagen?«
- »Welche Tätigkeiten erfüllen mich?«
- »Welchen meiner Bedürfnisse möchte ich noch mehr nachgehen?«
- »Welche meiner Gaben möchte ich zur Entfaltung bringen?«

Formuliere 13 Wünsche, die im nächsten Jahr in Erfüllung gehen sollen. Notiere sie auf deinen Zetteln, falte diese mit der Schrift nach innen, und lege sie in dein Kästchen oder deinen Beutel.

Ziehe ab dem 25. Dezember täglich einen Zettel. Entfache dann ein Feuer an einer Feuerstelle oder in einer Feuerschale, und übergib deinen Zettel den Flammen. Der aufsteigende Rauch überbringt deinen Wunsch dem Universum. Vertraue darauf, dass die höheren Sphären sich der Erfüllung deiner Wünsche annehmen. Eine im Rauch aufsteigende Bitte wirkt wie ein Gebet.

Bedanke dich anschließend beim Universum, lösche das Feuer, und übergib die Asche Mutter Erde.

Wiederhole dieses Ritual in jeder Rauhnacht, bis am 6. Januar nur noch ein Zettel übrig ist.

Dieser Zettel enthält den Wunsch, für dessen Erfüllung du im neuen Jahr selbst zuständig bist. Damit du den Wunsch das Jahr über im Blick behältst, kannst du den Zettel zum Beispiel mit einem Magneten an deinem Kühlschrank befestigen oder ihn deinem Visionboard (siehe S. 47) hinzufügen.

Die heilsamen Kräfte der Wintersonnenwende (21. Dezember)

Mit dem Ausklingen der Dunkelnächte kehrt am 21. Dezember das Licht auf die Erde sowie in unsere Herzen zurück und offenbart uns neue Wege und Möglichkeiten. Wir haben die Chance, uns für Wunder und einen Neuanfang zu öffnen, und können alle noch verbliebenen Altlasten endgültig loslassen. Nutze diesen Tag also dafür, alles hinter dir zu lassen, was du nicht mehr brauchst und dich daran hindert, zu dem Menschen zu werden, der du sein willst.

Dabei können dich reinigende ätherische Öle wie **Angelica, Salbei, Wacholder, Weihrauch, Palo Santo, Ysop** und **Myrte** begleiten. Gib zum Beispiel ein Öl deiner Wahl oder eine Mischung aus mehreren Ölen tagsüber in deinen Diffuser, verwende sie in einem Auraspray, oder träufle 1–2 Tropfen in dein Putzwasser, um deine Räume auch energetisch zu säubern.

Du kannst auch 1–2 Tropfen für ein klärendes Bad verwenden und eine oder mehrere Schalen Wasser mit Blüten und Öl versetzen und sie überall dort aufstellen, wo die Energie besonders schwer zu sein scheint. Wichtig ist, dass du all das mit deiner ganzen Aufmerksamkeit tust. Unter den aufgeführten Ölen bringt Angelica eine besonders kraftvolle Wirkung mit sich.

ANGELICA (ENGELWURZ): Angelica ist auch bekannt als »Öl der Engel«. Diese Bezeichnung hat seinen Ursprung in Geschichten aus dem 14. und 15. Jahrhundert. Damals wütete in Europa die Pest, und vielen Menschen erschien Erzengel Gabriel, der ihnen die Angelicapflanze als Heilmittel empfahl. Einem Bericht von Paracelsus aus dem Jahre 1510 ist zu entnehmen, dass die Pflanze erfolgreich gegen die Pest angewendet wurde. Engelwurz wirkt sowohl auf körperlicher als auch auf geistiger Ebene schützend und stabilisierend. Das ätherische Öl hilft uns dabei, unsere Aura mit Licht zu fluten, während wir gut geerdet bleiben. Wir werden der himmlischen Führung gewahr und können ihr in der materiellen Welt vertrauen und folgen. Mit Engelwurz gelingt es uns, mutig den Widrigkeiten des Lebens zu trotzen, da wir wissen, dass uns die Engel stets beschützen und uns mit Licht, Tatkraft, Hingabe und all ihrer Liebe erfüllen. Wir fühlen uns geborgen und sicher.

Ritual: Befreie dich mit dem Julfeuer von negativen Energien

Früher wurde zur Wintersonnenwende die Wiederkehr der Sonne mit dem Julfest gefeiert, bei dem Feuer entzündet und brennende Strohballen, die das Sonnenrad symbolisieren, in die Täler hinabgerollt wurden. Dieser Brauch geht auf die alten Germanen und Kelten zurück und wird heutzutage wieder populärer. Das Verbrennen von alten und überholten Energien ist seit jeher eine der machtvollsten Handlungen, die wir ausführen können. Mit diesem Ritual entzünden wir unser eigenes kleines Julfeuer und verabschieden uns von alten Energien.

Du brauchst:
- ätherische Öle: Angelica, ein weiteres reinigendes Öl, zum Beispiel Salbei, Wacholder, Weihrauch, Palo Santo, Ysop oder Myrte, und ein aufbauendes ätherisches Öl wie Kardamom, Nelke oder Pinie
- einen Zettel
- einen Stift
- eine Feuerschale oder -stelle
- Brennmaterial
- Streichhölzer oder ein Feuerzeug
- eine Kerze (nach Belieben)

Nimm dir etwa 20–25 Minuten Zeit, und ziehe dich an einen ruhigen Ort zurück, an dem du ungestört bist und dich wohlfühlst. Lege dir deine Öle zurecht, und lasse sphärische Musik im Hintergrund laufen. Wenn du möchtest, zünde eine Kerze an.

Gib 2 Tropfen Angelica in eine Hand, und verreibe das Öl zwischen deinen Händen. Streiche das Öl vom Scheitel aus sanft in deine Aura. Stelle dir dabei vor, wie das Licht der Engelssphären sich in deinem elektromagnetischen Feld ausbreitet und darin Milliarden von Lichtpartikeln hinterlässt. Spüre in deinen Körper hinein, und nimm wahr, welche Gefühle in dir aufsteigen.

Notiere dir nun, ohne groß darüber nachzudenken, alle Menschen, Situationen und Dinge, deren Energien du aus deinem Körper und deinen feinstofflichen Ebenen lösen möchtest. Bitte die Engel darum, dich von diesen alten Energien zu befreien.

Öffne das Fläschchen mit dem reinigenden ätherischen Öl deiner Wahl, rieche vorsichtig daran, und spüre, an welcher Stelle dein Körper damit in Resonanz geht. Gib 1–2 Tropfen des Öls in eine Hand, und trage es sanft und in kreisenden Bewegungen auf den entsprechenden Bereich auf. Atme tief ein und aus, und stelle dir beim Ausatmen vor, wie an dieser Stelle alle alten Energien, die du loslassen möchtest, aus dir hinausströmen. Fahre so lange fort, bis du dich entspannt und befreit fühlst.

Gib nun 1 Tropfen des reinigenden ätherischen Öls auf deinen Zettel, entzünde ein Feuer in der Feuerschale oder -stelle, und übergib den Zettel den Flammen. Während die alten Energien sich in Rauch auflösen, bedanke dich für all das, wofür diese Energien dir einst nützlich waren.

Recke und strecke dich, und nimm wahr, wie befreit und positiv gestimmt du dich fühlst. Genieße dieses Gefühl, und verstärke es, indem du das aufbauende ätherische Öl deiner Wahl verwendest. Trage 1–2 Tropfen des Öls entweder auf den Bereich deines Herzens auf oder dort, wo du die Leichtigkeit und Freude am stärksten wahrnehmen kannst. Sprich im Geiste folgende Worte, und wiederhole sie, sooft du möchtest: »Ich bin Licht. Ich bin höchstes Licht, und meine Aufgabe ist es, mein Licht ewig rein und hell zu halten. So sei es, und so ist es.«

Nutze das aufbauende Öl immer dann, wenn du dem Gefühl der Freude und Leichtigkeit in dir verankern willst.

Exkurs: Die Weisheit des Mittsommers

Das Pendant zur Wintersonnenwende ist die Sommersonnenwende. Während die Wintersonnenwende den kürzesten Tag des Jahres markiert, erleben wir zur Sommersonnenwende den längsten Tag, an dem die Sonne ihren höchsten Stand erreicht. Es ist eine Zeit des Lichts, der Freude und Fülle, die uns einlädt, das Leben zu feiern. Wir dürfen voller Dankbarkeit darauf schauen, welche Themen wir bereits hinter uns gelassen haben und welche Wünsche wir uns in diesem Jahr schon erfüllen konnten.

Um noch mehr und jederzeit Fülle in unser Leben zu ziehen, können wir verschiedene ätherische Öle nutzen. Verwende zum Beispiel eine Reichtumsmischung oder einzelne Öle wie **Orange, Nelke, Weihrauch, Schwarzfichte** oder **Zimt,** indem du 4–5 Tropfen in deinen Diffuser gibst oder 1–2 Tropfen auf eine beliebige Stelle deines Körpers aufträgst. Fokussiere dich dabei immer wieder auf das Thema »Reichtum und Fülle«. Das Öl der Orange ist aufgrund seiner umfassenden Wirkung besonders zu empfehlen.

ORANGE: Orangenöl wirkt stimulierend auf den Magen-Darm-Trakt und stärkt die Abwehrkräfte. Daher eignet es sich wunderbar dazu, die Widerstandskraft unseres Körpers zu erhöhen. Es kann uns außerdem dabei helfen, uns neuen Gegebenheiten anzupassen und uns rundum wohlzufühlen. Orangenöl schenkt uns auf geistiger Ebene alle Sonneneigenschaften: Lebensfreude, Unbeschwertheit und Kreativität. Auch die Produktion von Noradrenalin, einem Botenstoff, der die Aufmerksamkeit, Wachheit und Konzentration fördert, kann durch dieses Öl angeregt werden. Schwere und Trägheit werden in inneren Frieden verwandelt. Ebenso wird unser Sakralchakra, das sich eine Handbreit unter dem Bauchnabel befindet, angeregt, wodurch wir uns achtsam der Süße des Lebens hingeben und unsere eigene Sinnlichkeit und Freude erkennen können. Sein Wirkungsspektrum macht es zu einem der besten Selfcare-Öle.
Achtung: Nach dem Auftragen dieses ätherischen Öls auf die Haut sollte sie je nach Empfindlichkeit 12–24 Stunden lang nicht der direkten Sonne ausgesetzt werden.

Ritual: Dein Sonnenritual

In der Nacht der Sommersonnenwende wurden zu früheren Zeiten okkulte Zeremonien, Rituale und Feste gefeiert, bei denen Feuer entzündet wurden, um verschiedenen Sonnengöttern Ehre zu erweisen. In diesem Ritual nutzen wir die Kraft des Feuers, um unsere positiven Eigenschaften zu stärken und alles, was uns vielleicht noch davon abhält, Fülle zu empfangen, loszulassen.

Du brauchst:
* ätherisches Öl: Orange (für Wandel, Harmonisierung und Neubeginn) oder Rose (für Vergebung und Liebe)
* einen Zettel
* einen Stift
* eine Feuerstelle oder -schale
* Brennmaterial
* Streichhölzer oder ein Feuerzeug

Begib dich an einen ruhigen Ort bei dir zu Hause oder in der Natur, an dem du ein Feuer entzünden kannst, und mache es dir dort gemütlich. Schließe deine Augen, und bitte deine Seele oder einen Sonnengott wie Surya, Sól oder Apollo darum, dir bewusst zu machen, welche deiner Eigenschaften du stärken, welche Verletzungen du verzeihen und welche Themen du mit Liebe fluten oder dem Feuer liebevoll zur Transformation übergeben möchtest.

Schreibe all das auf den Zettel, was dir dazu ins Bewusstsein kommt. Halte das Geschriebene an dein Herz, öffne dieses, und lasse deine pure Essenz hineinfließen.

Besprenkle den Zettel nun mit ein paar Tropfen Orangen- oder Rosenöl. Es macht nichts, wenn die Schrift dabei verläuft.

Entzünde ein Feuer in deiner Feuerschale oder an deiner Feuerstelle. Tanze, singe und meditiere, oder tauche in die Magie dieser besonderen Nacht auf deine ganz eigene Art und Weise ein. Übergib deinen Zettel dem Feuer dann, wenn es sich für dich richtig anfühlt, und empfange den Segen, der dir dadurch zuteilwird.

Wertvolle Hinweise und Werkzeuge für die Zeit der Rauhnächte

»Nichts auf der Welt ist so mächtig wie ein Impuls, dessen Zeit gekommen ist.«

nach Victor Hugo

Jetzt steht sie kurz bevor: die magische Zeit der Rauhnächte. Wir haben nun die Möglichkeit, das neue Jahr nach unseren Vorstellungen zu weben, das zu erschaffen, wonach sich unsere Seele so sehr sehnt.

Jede Rauhnacht beginnt jeweils um Mitternacht des ersten Tages, endet um Mitternacht des nächsten Tages und korrespondiert mit einem Monat des neuen Jahres. Das bedeutet, die Energie der jeweiligen Rauhnacht fließt auch in den dazugehörigen Monat hinein.

Somit dient dir dieses Buch nicht nur als Begleiter durch die Rauhnächte, sondern du kannst es das ganze Jahr hindurch nutzen. Es erinnert dich immer wieder an deine Ziele und Visionen und hilft dir, dich auf Fülle auszurichten, deine Wahrheit zu leben und deinen Platz in dieser Welt zu finden und ihn einzunehmen.

Sei in den Rauhnächten besonders aufmerksam, was du erlebst und wie du es erlebst. Achte zum Beispiel auf:

* die Grundenergie/das Grundgefühl des Tages
* die Menschen, die dir begegnen
* E-Mails, Textnachrichten, Briefe oder Anrufe
* Symbole, Zahlen und Tiere, die du siehst
* Situationen, Impulse, Eingebungen, Inspirationen und Weisheiten
* deine Träume

> **Tipp:** **Dein Journal:** *Lege dir für die Rauhnächte und das kommende Jahr ein Buch mit leeren Seiten zu, um es mit deinen Erkenntnissen und Erfahrungen zu füllen. Dein Journal wird so zum Drehbuch für dein neues Leben. Es erinnert dich immer wieder an deine Visionen und führt dir vor Augen, was du schon alles erreicht hast, wie weit du bereits gekommen bist.*

In den Kapiteln zu den Rauhnächten bieten wir dir Rituale, Anwendungen von ätherischen Ölen sowie weitere Impulse für die Gestaltung der einzelnen Nächte an, die sich bereits vielfach bewährt haben. Sie dienen dir als Inspiration. Natürlich kannst du sie deinen Bedürfnissen anpassen oder auch ganz eigene Rituale kreieren. Vertraue dabei deiner Intuition, deinen Eingebungen.

Wir wissen um den Boom von Rauhnachtbüchern, -kartensets und -journals, die uns mit verschiedenen Übungen und Tipps darin unterstützen sollen, diese Zeit optimal zu nutzen und das Beste aus uns herauszuholen. Die Vielzahl an Möglichkeiten kann bei manchen von uns Stress auslösen, vor allem, wenn wir den Anspruch an uns haben, alles richtig zu machen: jeden Tag unsere Karten zu ziehen, zu räuchern und alle Rituale abzuhalten. Wenn wir versuchen, möglichst vielen Empfehlungen zu den Rauhnächten zu folgen, kann es passieren, dass wir die Verbindung zu uns selbst verlieren und aufhören, unseren eigenen Impulsen und unserer inneren Führung zu vertrauen. Auch Schuldgefühle können sich in uns festsetzen, wenn wir nicht alles geschafft haben, was wir uns für die Zeit der Rauhnächte vorgenommen hatten.

Entspanne dich.
Atme tief ein. Atme vollständig aus.

Es gibt kein Richtig oder Falsch, kein Müssen oder Sollen. Das Einzige, was existiert, ist deine innere Weisheit, die dich immer exakt dorthin führt, wo du dich wohl-, leicht und frei fühlen kannst.

Sei nachsichtig mit dir selbst, wenn du einmal einen Tag aussetzen musst, weil zum Beispiel ein Familienmitglied oder eine Freundin deine Hilfe braucht oder du einfach vergessen hast, deine Übung zu machen. Denn viel wichtiger als jedes Ritual ist dein mentaler Zustand, in dem du diese Zeit begehst. Eine entspannte und beschwingte Grundenergie ist entscheidend, nicht, jeden Tag alle Punkte auf deiner To-do-Liste abzuhaken. Denn diese Schwingung ist es letztlich, was maßgeblich dazu beitragen wird, eine Veränderung in dir und deinem Umfeld herbeizuführen.

Während der Rauhnächte wirst du viel Energie in emotionale und mentale Prozesse investieren. Die ätherischen Öle werden dich dabei unterstützen, diese leichter zu bewältigen. Besonders kraftvoll entfalten sie ihre Wirkung, wenn du sie täglich nutzt.

Jeder einzelne Tropfen ist ein gewaltiger Energiespender. Er unterstützt dich nicht nur auf physischer Ebene, sondern erreicht auch dein Inneres und dein Unterbewusstsein und setzt dort Impulse. Diese Impulse bewirken eine Ausrichtung hin zu deinem wahren Selbst, erwecken deinen Mut, deine Tatkraft und andere zielführende Qualitäten, die dich in jeder Hinsicht erfüllen und bereichern. Deine Gefühle und besonders dein Emotionalkörper werden angesprochen und in ihrer Schwingung angehoben.

Neben der Anwendung ätherischer Öle ist es während der Rauhnächte besonders ratsam, dass du dich gesund und ausgewogen ernährst, dass du genügend schläfst und dein Wohnumfeld möglichst frei von Störfaktoren hältst.
Je liebevoller und achtsamer du mit deinem Körper umgehst, desto mehr Energie steht dir zur Verfügung. Auch dein mentaler und emotionaler Zustand werden davon beeinflusst. Schaffe dir also in allen Bereichen die perfekten Bedingungen für deine ganzheitliche Gesundheit.

Wenn du auf allen Ebenen gut für dich sorgst und in deiner Kraft bist, wird es dir leicht gelingen, die für dich passenden Dinge und Umstände kraftvoll und nachhaltig zu manifestieren. Dafür ist es wichtig, dass du deine Energie kennst und sie bewusst steuern, einsetzen und halten kannst.

Deine Träume können dir dabei den Weg weisen.

Vorbereitung auf die Nacht

Wie bereits erwähnt, wird unseren Träumen in den Rauhnächten eine besondere Bedeutung zugesprochen, denn während wir schlafen, offenbaren sich uns unbewusste Anteile unserer Persönlichkeit, die uns tagsüber verborgen bleiben. So können wir aus unseren Träumen wertvolle Informationen für unsere Selbstreflexion und Entwicklung schöpfen. Je mehr Facetten wir von uns erkennen und erforschen, desto selbstbestimmter und glücklicher verläuft unser Leben.

Wenn deine Träume nach dem Aufwachen schnell verblassen, lege dein Journal und einen Stift neben dein Bett und schreibe gleich, nachdem du die Augen aufgeschlagen hast, alles auf, woran du dich erinnern kannst. Selbst wenn es anfangs nur wenige Stichpunkte sind, wirst du mit der Zeit bemerken, dass deine Traumerinnerung immer detaillierter wird.

Übrigens: Viele Menschen handeln aufgrund von übernommenen Glaubenssätzen und Limitierungen aus dem Elternhaus oder anderen frühen Einflüssen fremdbestimmt. Und das ist bei Weitem nicht allen bewusst. Die gute Nachricht ist: Du kannst daran arbeiten, wirklich ganz du selbst zu sein. Achtsamkeit, ätherische Öle und die Auseinandersetzung mit deinen Träumen helfen dir dabei, zurück zu deiner eigenen Wahrheit und in deine Energie zu finden.
Überprüfe tagsüber regelmäßig, ob deine Entscheidungen und Handlungen tatsächlich dein Wesen und deine Werte widerspiegeln, die sich dir bei deiner Selbstreflexion und in deinen Träumen offenbart haben.

Um einen guten Zugang zu deinen Träumen und damit dir selbst zu erhalten, verzichte am besten zwei Stunden vor dem Schlafengehen darauf, elektronische Geräte wie den Computer, das Tablet, das Smartphone oder den Fernseher zu nutzen.

Sage also auch den sozialen Medien schon frühzeitig gute Nacht. Ja, sie sind heutzutage ein wichtiger Bestandteil unseres Lebens, dienen sie uns doch zur Unterhaltung und dazu, Kontakt zu anderen Menschen herzustellen und Informationen über unterschiedliche Themen zu beziehen. Mitunter verführen sie uns jedoch zu unbewusstem Verhalten.

Kennst du das? Du wolltest eigentlich einen Spaziergang machen, Sport treiben, etwas Leckeres kochen, Freunde anrufen oder längst schlafen gehen, aber stattdessen scrollst du zum wiederholten Male über die Startseite von Facebook, Instagram und Co. Statt aktiv dein Leben zu gestalten, verfolgst du passiv das Leben anderer Menschen.
Hältst du dich bis kurz vor dem Schlafengehen auf Social-Media-Kanälen auf, fließen diese Eindrücke in deine Träume hinein und vermischen sich mit deinen Trauminhalten. Dadurch wirst du von deinen eigenen Themen abgelenkt.

Nutzt du die sozialen Plattformen jedoch tagsüber achtsam und bewusst, können dir ihre Inhalte Hinweise auf deine Bedürfnisse geben. Achte darauf, bei welchen Bildern und Texten Sehnsucht in dir aufsteigt, du vielleicht sogar Neid empfindest, also bemerkst, dass du etwas haben möchtest, was jemand anderem gehört, oder auf andere Weise getriggert wirst. All das sind Hinweise auf Wünsche, die du auf deinem **Visionboard** (siehe S. 47) festhalten kannst.

Ziehe dich also rechtzeitig vor der Nachtruhe in deinen heiligen Raum der Einkehr und Stille zurück. Wenn du möchtest, lies in einem inspirierenden Buch über Persönlichkeitsentwicklung, schreibe in dein Tagebuch, wofür du heute dankbar bist, meditiere, nimm ein wohltuendes Bad, oder lausche meditativer Musik. Kurz gesagt: Mache etwas, was dich erfüllt, dich zu dir selbst führt und dich zufrieden ins Land der Träume gleiten lässt.
Zu einer guten Schlafhygiene gehört auch, dass du dein Schlafzimmer gut lüftest, es energetisch klärst, aufräumst und alles daraus entfernst, was deine innere Ruhe stören könnte: Wäscheberge, Arbeitsordner und

Bilder, die dich vielleicht an belastende Zeiten erinnern, haben dort nichts verloren. Dein Schlafzimmer sollte klar strukturiert sein und dir ein Gefühl von Wohlbefinden und Entspannung vermitteln.

Tipp: **Reinige deinen Schlafraum und deinen Energiekörper auch morgens nach dem Aufstehen mit einem Diffuser oder einem Spray.**

Solltest du dein Schlafzimmer auch als Büro nutzen, etabliere ein Abendritual, damit du vor dem Schlafengehen besser abschalten kannst: Gehe zum Beispiel ganz bewusst nach draußen, und mache einen Spaziergang in der Natur. Du wirst bemerken, wie erfrischt du dich danach fühlst. Schalte dann das WLAN aus, gib ein paar Tropfen entspannende Öle für einen ruhigen Schlaf wie **Lavendel** und für freudvolle Visionen wie **Muskat** oder **Zistrose** in deinen Diffuser, und schalte diesen an. Die Anzahl der Tropfen kannst du ganz nach deinem persönlichen Duftempfinden auswählen. Falls du noch keinen Diffuser hast, kannst du auch ein Spray aus diesen Ölen zusammenstellen und damit dein Zimmer beduften oder dein Kissen besprühen. Dein Raum wechselt dadurch seine Rolle von Büro zu Schlafzimmer und wird zu deiner Wohlfühloase.

Besonders sensitiven Menschen kann es guttun, während der Zeit der Rauhnächte allein zu schlafen, um sich von fremden Schwingungen und Themen abzugrenzen. Teilst du dein Bett mit deinem Partner, sprich mit ihm darüber, ob er sich vorstellen kann, dass ihr in dieser Zeit in getrennten Räumen schlaft.

Stelle während der Rauhnächte auch die in dem entsprechenden Kapitel angegebenen ätherischen Öle an dein Bett. Sie sind in dieser Zeit deine ständigen Begleiter.

Manifestation deiner Wünsche

Bevor du dich in den Rauhnächten neu ausrichtest und deine Visionen manifestierst, ist es wichtig, dass du weißt, wie Manifestation tatsächlich gelingt und mit welcher inneren Haltung du Glück und Fülle anziehen kannst. Dazu gehört auch, deine Wünsche weise zu wählen.

Werden wir gefragt, was wir uns wünschen, fallen uns häufig als Erstes materielle Dinge ein. Ein neues Auto, ein großes Haus oder ein luxuriöser Urlaub werden uns jedoch nicht langfristig erfüllen, denn meist dienen sie unbewusst zur Ablenkung von unangenehmen Gefühlen und dem Versuch, eine innere Leere zu füllen.
Wenn wir herausgefunden haben, welche Bedürfnisse tatsächlich hinter unserem Verlangen nach Konsumgütern liegen, und wir uns auf jene fokussieren, können wir unsere Wünsche aus unserer Seele heraus manifestieren. Wenn wir wahrhaftig die eigene Energie leben, wenn wir unseren Grundton im Orchester des Lebens kennen, werden wir die Fülle intuitiv in unser Leben ziehen. Denn alles ist schon da.

Wenn du beginnst, dein Leben zu verändern, ist es wahrscheinlich, dass du zunächst auf Widerstand im Außen stoßen wirst. Es kann sein, dass dich dein Umfeld zu deinem vermeintlichen Schutz vor einem »Höhenflug« von deinen Vorhaben abhalten möchte.
Wenn du den Kontakt zu manchen Menschen reduzierst oder abbrichst, da du weniger Zeit in anstrengende oder dich ausbremsende Beziehungen investieren möchtest, und du stattdessen lieber deinem neuen Hobby nachgehst, werden dir wahrscheinlich Groll und Wut entgegenschlagen. Vielleicht beginnst du

mit einer spannenden Weiterbildung oder trittst einen neuen Job an, in dem du mehr Geld verdienst, woraufhin dir aus deinem Umfeld Neid begegnet. Wenn du plötzlich mehr Selbstvertrauen entwickelst und deine Wahrheit klar aussprichst, erntest du womöglich Unverständnis oder Ignoranz von deinen Mitmenschen. Oder es zeigt sich, dass dein Wunsch nach Kindern nicht mit den Zukunftsplänen deines aktuellen Partners übereinstimmt, was zu eurer Trennung führt.

An einem Punkt fragst du dich vielleicht, ob das mit dem Manifestieren alles Quatsch ist. Denke in solchen Situationen daran: Mitunter muss zuerst etwas Altes weichen, damit Neues entstehen kann. Bleibe im Vertrauen, richte dich immer wieder auf deine Ziele aus, und frage dich: »Wie fühlt sich meine neue Freiheit an?«

Erfahrungsgemäß verschwindet nur das aus deinem Leben, was nicht mehr hineingehört. Wenn du dein Leben veränderst, ist es also normal, dass du zunächst mit Reibungen und Umbrüchen konfrontiert wirst. Wenn es so weit ist, hast du zwei Möglichkeiten: Entweder du vergisst wieder alles, was du dir erträumt hast, und kehrst auf deinen altbewährten Pfad zurück, oder du bekennst dich zu dir und deinen Wünschen, wächst über dich selbst hinaus und beschreitest mutig deinen neuen Weg.

Wenn du aus Angst vor Veränderung noch zögerst, deinen Weg zu gehen, nimm dir ein Beispiel an Mutter Natur: Sie würde nicht auf die Idee kommen, sich nicht zu entfalten, nur weil Stürme Bäume umknicken könnten. Denn immer, wenn etwas zu Ende geht, entsteht Raum für etwas, was vielleicht noch viel schöner, besser und größer ist.

Wenn sich dein altes Leben also wie eine eingelaufene Jacke anfühlt, dann ist es Zeit für Veränderung. Lasse alles liebevoll ziehen, was dich einengt. Und denke immer daran: Mit Dankbarkeit und Segen bringst du mehr Leichtigkeit auf deinen neuen Lebensweg.

Dein Visionboard

An dieser Stelle möchten wir dich dazu einladen, ein Visionboard für das kommende Jahr zu erstellen. Dabei handelt es sich um eine Collage, auf der du deine Träume in Form von Bildern und Affirmationen visualisierst. Es begleitet dich durch das ganze Jahr und schenkt dir die Inspiration und Motivation, die du für die Manifestation deiner Herzenswünsche brauchst. Zur Einstimmung und Vorbereitung kannst du das folgende Ritual durchführen.

Ritual:
Deine Wünsche und Träume

In dieser Übung erspüren wir unsere tiefsten Sehnsüchte und holen sie in unser Bewusstsein. Dabei filtern wir jene Wünsche heraus, die wir von anderen übernommen haben, die also nicht unserem eigenen Herzen entspringen. Wenn wir später unser Visionboard erstellen, dient uns diese Wunschliste als Grundlage.

Du brauchst:
- ein Blatt Papier
- einen Stift
- eine große Kerze
- Streichhölzer oder ein Feuerzeug

Begib dich an einen ruhigen Platz bei dir zu Hause, stelle die Kerze vor dir auf, und zünde sie an. Lege deine Hände auf dein Herz, und blicke in die Flamme. Gehe in dich, und stelle dir folgende Fragen:
- »Wofür brenne ich?«
- »Was wünsche ich mir aus tiefstem Herzen?«,
- »Wie werde ich mich fühlen, wenn meine Wünsche in Erfüllung gegangen sind?«

Lasse deine Gedanken schweifen, beginne zu träumen, und schreibe alle Wünsche auf, die dir in den Sinn kommen – auch wenn du noch nicht weißt, wie du sie umsetzen sollst. Träume groß, wild und frei!

Überprüfe, welche dieser Wünsche wirklich deine sind und welche du vielleicht von deinen Eltern oder anderen Bezugspersonen, aus Büchern oder Filmen übernommen hast. Betrachte einen Wunsch nach dem anderen, und stelle dir vor, er hätte sich bereits erfüllt. Fühlst du dich zufrieden? Glücklich? Entspannt? Dann behalte diesen Wunsch auf deiner Liste. Wenn nicht, streiche ihn durch.

Puste jetzt die Kerze wieder aus. Wenn du möchtest, kannst du sie immer wieder anzünden, um dich an dein inneres Feuer zu erinnern, denn es birgt die Kraft, die du brauchst, um deine Wünsche Realität werden zu lassen.

Ritual:
Dein Visionboard

Unsere Visionen jeden Tag vor Augen zu haben, schenkt uns die Energie, unsere Handlungen auf unsere Ziele auszurichten und unsere Träume wahr werden zu lassen. Ob in den Rauhnächten oder im hektischen Alltag: Unser Visionboard ermöglicht es uns, uns immer wieder zu orientieren und darauf zu fokussieren, was uns wirklich wichtig ist.

Du brauchst:
* ein großes Blatt Papier (mindestens DIN A3)
* Zeitschriften und Fotografien
* Stifte in unterschiedlichen Farben
* eine Schere
* einen Klebestift
* deine Wunschliste aus der vorherigen Übung

Schaffe dir auf deinem Schreibtisch oder auf dem Boden genügend Platz, sodass du deine Materialien dort ausbreiten und mit ihnen arbeiten kannst.

Lasse dich von deiner Wunschliste aus der vorherigen Übung inspirieren. Blättere die Zeitschriften durch, und schneide Bilder, Wörter oder ganze Sätze aus, die deine Wünsche widerspiegeln. Klebe sie nun auf das Blatt Papier. Du kannst auch eigene Fotos oder ausgedruckte Bilder aus dem Internet verwenden. Oder male selbst Bilder, und schreibe Wörter und Sprüche dazu. Lasse deiner Fantasie freien Lauf!

Wenn du für heute fertig bist, hänge dein Visionboard an einer Stelle in deiner Wohnung auf, auf die dein Blick oft fällt. Solltest du zu einem späteren Zeitpunkt feststellen, dass es noch weitere Themen gibt, um die du dein Board ergänzen möchtest, dann tue das. Du kannst dich auch von den Themen der jeweiligen Rauhnacht inspirieren lassen und auf diese Weise dein Board weiter vervollständigen. Dein Visionboard kann so von Rauhnacht zu Rauhnacht immer konkreter werden.

Erspüre beim Erstellen und Ergänzen deiner inneren Landkarte immer wieder, ob du selbst schon daran glauben kannst, deine Ziele zu erreichen. Wenn Zweifel an dir nagen, können alte Glaubenssätze dahinterstecken.

Wenn du glaubst, nicht liebenswert zu sein, wirst du dem Foto von deiner Traumhochzeit vielleicht keinen Glauben schenken und diese Vision noch nicht annehmen können. Wenn du denkst, dass reiche Menschen egoistisch sind, wirst du möglicherweise unbewusst nicht viel Geld haben wollen.
In letzterem Fall könntest du dich fragen, wofür du das Geld verwenden willst. Wie wäre es, wenn du zum Beispiel einen Teil davon in ein wohltätiges, gemeinnütziges Projekt investierst? Und schon trägt die Realisierung deiner Vision zu einer besseren Gesellschaft bei, und du kannst dir so deinen Wunsch nach Wohlstand leichter erlauben.

Du kannst Kopien deines Visionboards anfertigen und sie strategisch verteilen. Willst du zum Beispiel deine Gesundheit verbessern, hänge eine an oder neben den Kühlschrank. Beim Anblick des darauf abgebildeten sportlichen, schlanken Körpers wirst du sicherlich das ein oder andere Mal lieber die Laufschuhe anziehen, anstatt nach dem Pudding zu greifen.
Wenn du dein Visionboard auch außerhalb deines Zuhauses nutzen willst, kannst du es fotografieren und es als Hintergrundbild für dein Handy oder deinen PC auf der Arbeit verwenden.

Nimm dir mehrmals am Tag die Zeit, dein Board zu betrachten. Je öfter du in deine Zukunft blickst und in sie hineinspürst, desto schneller dringt deine Vision in die Tiefen deines Unterbewusstseins vor. Zur schnelleren Vertiefung deiner Ziele kannst du dabei dein Lieblingslied abspielen. Die Musik verankert die Bilder noch stärker in deinen Emotionen.

> **Tipp:** Du kannst auch einen Vision-Kalender anfertigen, indem du ein Kalenderblatt für jeden Monat deines neuen Jahres gestaltest. Oder ein Vision-Video, indem du deinen persönlichen Lebensfilm für die kommenden Monate und Jahre erstellst. Unterlege dein Video mit stimmungsvoller Musik, und lade es auf dein Handy. So kannst du es jederzeit ansehen. Wenn du mit der Erstellung von Videos wenig oder keine Erfahrung hast, bitte jemanden, der sich damit auskennt, um Hilfe oder schaue dir Youtube-Tutorials zu diesem Thema an.

Wenn du neben dem Seh- und dem Hörsinn deinen Geruchssinn ansprechen möchtest, um die Bilder noch tiefer in dir zu verankern, kannst du dein Visionboard sanft mit Ölen benetzen. Eine weitere Möglichkeit besteht darin, 1 Tropfen in deinen Händen zu verreiben und den Duft zu inhalieren, während du das entsprechende Bild betrachtest.

Wünschst du dir eine erfüllende Partnerschaft, gib 1 Tropfen **Jasminöl** oder ein anderes ätherisches **Blütenöl** auf das entsprechende Bild. Visualisiere dabei, wie dein Herz gleich einer wunderschönen Rose erblüht und Liebe sich in dir ausbreitet. Spüre, wie du vor Glück die ganze Welt umarmen möchtest. Fällt es dir noch schwer, Liebe zu empfangen, gib zusätzlich 1 Tropfen **Vanilleöl** dazu.

Möchtest du dein Vermögen vergrößern, können **Reichtumsöle** deine Anziehungskraft auf Geld erhöhen. Nutze dafür eine Reichtumsmischung, oder kombiniere das Reichtumsöl **Zimt** (Achtung: Bei der Anwendung auf der Haut immer mit einem Trägeröl verdünnen!) mit einem ätherischen **Blütenöl** deiner Wahl, zum Beispiel **Rose, Jasmin** oder **Ylang-Ylang.**[*] Blütenöle unterstützen die Öffnung des Herzens, und ein

---

[*] Ausführliche Beschreibungen zu den ätherischen Ölen findest du in unserem Buch »Holistische Aromatherapie für die Seele«.

offenes Herz wirkt wie ein Magnet für Fülle. Daher enthalten im Handel erhältliche Reichtumsmischungen auch meist ein oder mehrere Blütenöle.

Du möchtest deine Vitalität fördern? Wunderbar! Nutze **Pfefferminze** und **Rosmarin,** die auf körperlicher und geistiger Ebene erfrischen und mobilisieren.

In den Kapiteln zu den einzelnen Rauhnächten wirst du viele weitere ätherische Öle kennenlernen. Stößt du dabei auf eins, das zu einem Thema auf deinem Visionboard passt, nutze es, um deine Visionen zu verankern.

Tipp: Erstelle dir einen »Glaube und Vertrauen«-Roll-on, und sei zuversichtlich, dass deine Zukunft wundervoll wird. Mische dir dein persönliches »Freudvoll in die Zukunft«-Spray, sprühe es über deinen Kopf, und tanze in seiner Duftwolke zu den Rhythmen der Vorfreude.

Für die Mischung »**Glaube und Vertrauen**« befüllst du deinen **Roll-on** mit 5 ml Trägeröl wie Mandel- oder Jojobaöl, gibst 3 Tropfen **Zedernöl,** 2 Tropfen **Ylang-Ylang-Öl,** 5 Tropfen **Weihrauchöl** und 3 Tropfen **Tannenöl** hinzu und schüttelst die Mischung gut durch.

Möchtest du dir das »**Freudvoll in die Zukunft**«-Spray erstellen, fülle 5 ml Trägeröl deiner Wahl wie Mandel- oder Jojobaöl in eine 15-ml-Sprühflasche. Gib 2 Tropfen **Zypressenöl,** 2 Tropfen **Bergamottenöl,** 1 Tropfen **Pfefferminzöl,** 3 Tropfen **Myrtenöl** und 2 Tropfen **Geranienöl** hinzu, und schüttle die Sprühflasche vor jedem Gebrauch gut durch. Wenn du möchtest, dass die ätherischen Öle sich noch besser mit dem Wasser verbinden, kannst du zusätzlich einen Emulgator wie eine Prise Meersalz hinzugeben.

Diese Mischung enthält ganz bewusst keinen reizenden Alkohol als Konservierungsstoff. Während der intensiven Ölearbeit in den Rauhnächten wird das Spray schnell aufgebraucht sein. Du brauchst dir somit keine Gedanken um seine Haltbarkeit zu machen.

Exkurs: Rauhnächte und Persönlichkeitsentwicklung

Die Zeit am Ende des Jahres, in der wir unsere Aufmerksamkeit darauf richten, wie wir das kommende Jahr gestalten wollen, bietet uns auch die Chance, immer mehr zu dem Menschen zu werden, der wir wirklich sind. Für eine erfolgreiche Persönlichkeitsentwicklung ist es notwendig, unsere Gaben zu erkennen und zu leben, unsere Emotionen zu meistern, an unserer Außenwirkung zu arbeiten und unsere Schattenanteile anzunehmen.

Was sind deine **Gaben?**
Jeder von uns kommt mit ganz besonderen Gaben auf diese Welt. Oft verlieren wir jedoch den Zugang zu ihnen, weil wir sie als Kind aufgrund äußerer Umstände unterdrücken mussten. Wenn unsere Eltern oder andere Bezugspersonen uns nicht den Raum gaben, uns frei zu entfalten, sondern Disziplin mit Gehorsam gleichsetzten und von uns verlangten, immer brav und still zu sein, fällt es uns auch als Erwachsene schwer, unserem Inneren zu folgen und ihm voller Freude Ausdruck zu verleihen. Für ein erfülltes und erfolgreiches Leben ist es jedoch entscheidend, uns darüber bewusst zu sein, wer wir sind und was uns auszeichnet. Unser Erfolg im Leben hängt eng damit zusammen, ob wir unsere Gaben frei ausleben können. Auch unsere Inspiration und Lebensfreude sind damit verbunden.
Wenn wir unsere Gaben leben, sind wir ganz im Moment, in unserer wahrhaftigen Energie. Wir sind verbunden mit dem Feld der unendlichen Möglichkeiten und können kreative Lösungen finden. In diesem Zustand können wir alles verwirklichen, was wir uns vorgenommen haben – und noch mehr.
Lebst du deine Gaben, trägst du auch zum Wohl der Welt bei, indem du andere inspirierst, es dir gleichzutun.

Wie meisterst du deine **Emotionen?**
Wenn du auf emotionaler Ebene ins Gleichgewicht kommen und mehr Kontrolle über deine Gefühle erlangen willst, begib dich täglich in deinen inneren Raum des Friedens, indem du zum Beispiel jeden Morgen meditierst oder Yoga machst. Integriere jeden Tag Tätigkeiten in deinen Alltag, die dir Erfüllung und Freude bereiten, wie, ein spannendes Buch zu lesen oder einen Spaziergang in der Natur zu machen.

Wie steht es um deine **Außenwirkung?**
Machst du dir vielleicht Sorgen darüber, was andere Menschen über dich denken oder sagen könnten? Jene, die schlecht über andere reden, sind meist mit sich selbst nicht im Reinen. Investiere deine kostbare Energie nicht in sie. Frage dich lieber, was diejenigen, die dir wirklich wichtig sind, Wertschätzendes über dich sagen werden, sobald du zu der Person geworden bist, die sich selbst zutiefst erfüllt. Die die Welt inspiriert und erstrahlen lässt.
Es ist dein Weg. Wie möchtest du von anderen gesehen werden? Welche positiven Geschichten sollen andere über dich erzählen? Wie willst du ihnen im Gedächtnis bleiben? Welches Vermächtnis willst du der Welt hinterlassen?

Kennst du deine **Schattenanteile?**
Als Schatten werden jene Aspekte bezeichnet, die wir meist in unserer Kindheit verdrängt und von unserer Persönlichkeit abgespalten haben. Integrierst du diese Anteile wieder in dein Sein, wirkt das so befreiend und energetisierend, dass es dich zu Beginn möglicherweise überwältigt. Du kannst dabei mit Ängsten unterschiedlicher Art konfrontiert werden: Angst vor deiner wahren Größe, deiner eigenen Wahrheit oder vor Erfolg. Überwindest du sie, bist du der Erfüllung deiner Träume näher denn je.

Für das Erkennen deiner Schattenthemen kann dein Duftempfinden sehr hilfreich sein. Wenn du das Aroma eines bestimmten ätherischen Öls nicht magst, es vielleicht sogar abstoßend findest, ist es möglich, dass es dich auf einen blinden Fleck in deinem Bewusstsein hinweist.* In diesem Wissen kannst du dir deine ganz individuelle Transformationsmischung zusammenstellen. Sie unterstützt dich dabei, deine Schatten in Licht zu wandeln und deine Zukunft mit der neu gewonnenen Leichtigkeit freudvoll zu gestalten. Du kannst diese Mischung auch ergänzen, zum Beispiel um Öle, die deine Entspannung fördern, falls es auf dem Weg in dein neues Leben aufregend wird, oder um Öle, die dir helfen, loszulassen, was nicht mehr in dein Leben passt. Mit dieser Ölekombination kannst du den einen oder anderen Wachstumsschmerz sanft salben und dich genussvoll in der Hingabe ans Universum üben.

Deine Entscheidungen haben dich an diesen Punkt deines Lebens gebracht, an dem du jetzt gerade dieses Buch in den Händen hältst. Du allein entscheidest, wie es weitergeht.

---

* *In unserem Buch »Holistische Aromatherapie für die Seele« führen wir dieses Thema weiter aus.*

Weihrauch – ein ganz besonderes ätherisches Öl

Weihrauch ist eines der kostbarsten ätherischen Öle. Gerade zu den Rauhnächten, den Sonnen- und Mondfesten sowie in Neumondnächten können wir mit der Anwendung von Weihrauch unsere Wünsche wirkungsvoll manifestieren und uns auf unsere Ziele ausrichten.

Weihrauchöl erschafft eine Brücke zwischen der physischen und der feinstofflichen Welt und kann uns somit dabei helfen, uns der eigenen Göttlichkeit (ebenso der Welten der Engel, Meister und Naturdevas) bewusst zu werden und unsere Handlungen achtsam und im eigenen Gewahrsein auszuführen. Zudem beruhigt Weihrauch unsere Atmung und unterstützt uns dabei, ganz mit unserem inneren Wesen verbunden zu bleiben.

Während der zweiten Rauhnacht, in der unser Fokus auf der Verbindung mit unserem Hohen Selbst liegt, stärkt Weihrauch unsere spirituelle Anbindung, erleichtert den Zugang zu unserer inneren Führung und unterstützt uns dabei, unsere verborgenen Gaben ans Licht zu bringen.
In der achten Rauhnacht, in der Neubeginn das Thema ist, befreit uns das Weihrauchöl von negativen Gefühlen und Gedanken.
In der zwölften Rauhnacht, in der wir uns für Wunder öffnen und das Licht der Klarheit in uns erstrahlt, verwenden wir zum krönenden Abschluss das besonders kostbare Öl des Heiligen Weihrauchs.
Du kannst Weihrauch natürlich ganz unabhängig von den Rauhnächten jederzeit verwenden. Besonders wirkungsvoll entfaltet sich seine Kraft in der täglichen Anwendung.

Ritual:
Dein kleines tägliches Ritual mit Weihrauch

Nutzen wir das ätherische Öl des Weihrauchs regelmäßig, können wir auf geistiger Ebene unsere Vergangenheit überschreiben. Denn Weihrauch besitzt nicht nur die Kraft, unsere Zellen von Grund auf zu regenerieren, auch unsere mentalen Prozesse einschließlich unserer Erinnerungen werden zunehmend geklärt und so miteinander verknüpft, dass unsere Seele sich innerhalb unseres Wesens entfalten kann.

Du brauchst:
* ätherisches Öl: Weihrauch

Nimm dir morgens nach dem Aufstehen ein paar Minuten Zeit für dieses Ritual.

Stelle dich aufrecht hin, gib 2–3 Tropfen Weihrauchöl in eine Handfläche, und nimm es mit dem Zeige- und dem Mittelfinger der anderen Hand auf, indem du es sanft verreibst.

Trage das Öl mit diesen Fingern in kreisenden Bewegungen sanft auf deine sieben Hauptchakras (Wurzel-, Sakral-, Solarplexus-, Herz-, Hals-, Stirn- und Kronenchakra) auf.

Spüre den Energiefluss, der deinen Körper durchströmt, und richte dich ganz auf die Ziele oder Themen des heutigen Tages aus.

Die Rauhnächte beginnen

Nun beginnen sie, die heiligen Nächte, in denen du deinem Leben eine völlig neue Wende geben und deine Wirklichkeit ganz nach deinen Wünschen gestalten kannst. Lasse diese Zeit mithilfe der ätherischen Öle zu einem Fest der Sinne werden!

Wir wünschen dir lichtvolle und tiefgehende Erfahrungen!

1. Rauhnacht

24./25. Dezember

Ätherische Öle: Vetiver & Baumöle (Fichte, Zeder, Zypresse, Balsamtanne)

Themen: Wurzeln, Basis & Herkunft

Monat: Januar

Heiligabend läutet die erste Rauhnacht ein. Es ist der Beginn einer magischen Zeit. In dieser Nacht setzen wir die Samen unserer Wünsche und Visionen für das neue Jahr. Daher steht die erste Rauhnacht für all das, was uns als Basis für ein erfülltes Leben dient. Auch enthüllt uns diese Nacht den Ursprung unserer Wurzeln, die uns stabilisieren, uns Halt geben, und wir lernen, wie wir diese für uns und unsere weitere Entwicklung nutzen können.

Stelle dir vor, du setzt eine Pflanze in einen nährstoffarmen Boden, vergisst, sie zu gießen, und stellst sie an einen schattigen Platz, obwohl sie zum Überleben und Gedeihen viel Sonnenlicht braucht. Diese Pflanze würde verwelken, weil die Lebensbedingungen für sie nicht stimmen. Pflanzt du sie hingegen in Erde, die reich an Nährstoffen ist, wässerst sie, sooft sie es braucht, schenkst ihr Liebe und genügend Sonnenlicht, so wird die Pflanze wachsen und üppig gedeihen.

Genauso verhält es sich mit dir und deinen Wünschen. Bereitest du dir eine stabile Grundlage für dein Leben durch gesundes Essen, ausreichend Wasser und die Erfüllung deiner Bedürfnisse, glaubst an dich und deine Visionen und nährst diese mit positiven Gedanken, kann deine persönliche Vorstellung eines erfüllten Lebens in dir heranwachsen und nach außen hin erblühen.

In der ersten Rauhnacht, die deiner Stabilisierung dient, können dich besonders Vetiver und erdende Baumöle wie Fichte, Zeder, Zypresse und Balsamtanne unterstützen. Wende diese entspannenden, energie- und kraftspendenden Öle an, einzeln oder miteinander kombiniert, um in die Natur einzutauchen und ihre zentrierende Kraft in dich aufzunehmen. Richte deinen Fokus dabei immer wieder auf die Themen dieser Rauhnacht, die die Basis deines Seins betreffen.

Steckbriefe der Öle

VETIVER: Die Vetiverpflanze, auch als Süßgras bekannt, stammt aus Asien und kann bis zu 150 cm hoch werden. Ihre Wurzeln können bis zu 3 m tief in den Erdboden dringen. Ihr äußerst dichtes Wurzelgeflecht verhindert Bodenerosion, hält den Boden feucht und entgiftet ihn. Das Süßgras ist uns ein guter Lehrer. Durch sein ätherisches Öl können wir seine Eigenschaften in unseren Energiekörper fließen lassen und uns tief mit der Erde verwurzeln. Wir verbinden uns mit unseren Träumen und schaffen eine nährende Grundlage für sie. Gleichzeitig können wir über uns hinauswachsen, verlieren aber nie den Halt, weil wir stets mit beiden Beinen fest auf dem Boden stehen. Dabei bleiben wir flexibel und offen für das Flüstern des Windes, der die Botschaften des Universums zu uns trägt. Als Element steht der Wind für Kreativität, neue Gedanken und Leichtigkeit.
Das Öl des Vetiver kann dich tief entspannen, ausrichten und stabilisieren und verfügt somit über ähnliche Eigenschaften wie die klassischen Baumöle.

BAUMÖLE: Über ihr starkes Wurzelgeflecht sind Bäume fest mit der Erde verankert. Ihre Standfestigkeit spiegelt sich auch in der Wirkung ihrer ätherischen Öle wider. Besonders die Fichte, die Zeder, die Zypresse und die Balsamtanne können uns dabei helfen, eine stabile Grundlage für unser Leben zu schaffen.
Das Öl der **Fichte** richtet uns auf, stärkt unsere Widerstandsfähigkeit und unser Selbstvertrauen. Es verhilft uns zu innerer Balance und versorgt uns mit neuer Kraft und Lebensfreude.
Das Öl der **Zeder** verwurzelt uns in der Tiefe unseres Seins. Es entspannt, harmonisiert und energetisiert uns auf psychischer und physischer Ebene.
Das Öl der **Zypresse** stärkt unser Selbstbewusstsein.
Das Öl der **Balsamtanne** ermöglicht es uns, geerdet und zugleich mit höheren Welten verbunden zu sein. Zudem verleiht es uns mentale Stärke.

Ritual:
Gehe mit dem Atem der Erde

Durch dieses Ritual verbindest du dich mit Mutter Erde und erschaffst dir ein Fundament, auf dem du deine Zukunft aufbauen und deine Träume verwirklichen kannst. Es bereitet dich auf alle folgenden Übungen der kommenden Rauhnächte vor. Wenn du möchtest, kannst du es am Anfang jeder Rauhnacht wiederholen.

Du brauchst:
- ätherische Öle: ein Baumöl oder eine (selbst hergestellte) Baumölemischung, das bzw. die du besonders magst, oder Vetiveröl
- dein Rauhnacht-Journal
- einen Stift

Stelle dich aufrecht hin, und lasse in deiner Vorstellung aus deinen Fußsohlen Wurzeln wachsen, die dich fest mit der Erde verbinden. Neige dein Kinn ganz leicht Richtung Brust. Ziehe deine Schultern bewusst nach oben und hinten, und lasse sie dann sanft wieder fallen.

Öffne nun das Fläschchen des Vetiver- oder Baumöls oder der Baumölemischung deiner Wahl, und gib 2–3 Tropfen in eine Hand. Verreibe sie zwischen deinen Handflächen, führe diese dann nach hinten an dein Steißbein, und trage das Öl an dieser Stelle auf. Lasse die erdenden Kräfte des Öls in diesen Körperbereich einfließen. Stelle dir dabei vor, wie dein Steißbein, dein Becken, deine Hüften und Beine schwer werden, während aus der Erde rote Energie über deine Wurzeln durch die Füße in deinen gesamten Unterkörper fließt und dich noch fester mit der Erde verbindet.

Richte deine Aufmerksamkeit auf deinen Stand. Stehst du sicherer und stabiler als zuvor?

Setze dich hin, oder gehe langsam und meditativ, während du über folgende Fragen sinnierst:
- »Was ist meine Basis?«
- »Auf welchem Fundament möchte ich mir meine Zukunft erbauen?«
- »Wie kann ich mich aus bisherigen Strukturen befreien und eine neue Grundlage für meine Träume erschaffen?«

Notiere deine empfangenen Impulse und Eingebungen in deinem Journal.

Impulse für die erste Rauhnacht

* Ziehe drei Orakel- oder Tarotkarten zu den Fragen:
  * »Was ist der wahre Grund meines Seins auf dieser Erde?«
  * »Wer bin ich, ganz losgelöst davon, was andere über mich denken?«
  * »Was brauche ich, damit ich mich sicher und geborgen fühlen kann?«

* Erde dich, indem du 1–2 Tropfen Vetiver oder Baumöle auf deinen Fußrücken aufträgst und dort einmassierst, die Öle in deiner Wohnung diffundierst oder einfach an dem jeweiligen geöffneten Fläschchen riechst.

* Entzünde eine Kerze, und schicke deinen Segen und deine Dankbarkeit in den kommenden Januar.

Journal-Fragen
für die erste Rauhnacht

* »Was sind meine Wurzeln?« Male oder schreibe sie auf. Das können zum Beispiel deine Familie, aber auch dein Herkunftsland oder deine Werte sein.

* »Was schenkt mir Erdung und Stabilität?«

* »Was brauche ich, um einen guten Nährboden für mein Wachstum zu kreieren?«

* »Welchen meiner Bedürfnisse möchte ich im nächsten Jahr mehr Aufmerksamkeit schenken?«

* Stelle dir vor, du bist ein Baum. Deine Wurzeln verankern dich tief in der Erde, deine Äste ragen hoch in den Himmel. Frage dich: »Wie fühle ich mich, wenn ich fest mit der Erde verbunden bin und mich nach oben hin öffne?«

2. Rauhnacht

25./26. Dezember

Ätherische Öle: Weihrauch & Onycha

Thema: Innere Führung/Höheres Selbst

Monat: Februar

In der ersten Rauhnacht hast du die Samen deiner Träume und Visionen tief in die Erde der Möglichkeiten gesetzt. Jetzt brauchst du die passenden »Nährstoffe« wie Achtsamkeit, Vertrauen und Selbstfürsorge, um diese Samen keimen zu lassen. So wie Pflanzen im Licht der Sonne wachsen, entfalten sich deine Wünsche in der Verbindung mit deinem inneren Licht, deiner inneren Führung.

Die zweite Rauhnacht und der mit ihr korrespondierende Monat Februar eignen sich wunderbar dafür, dich deiner inneren Führung, deinem Höheren Selbst, zu öffnen, und dich mit all den himmlischen Begleitern, deren Unterstützung du dir für das nächste Jahr wünschst, zu verbinden. Die Heilkräfte von Weihrauch und Onycha stehen dir dabei zur Seite.

Steckbriefe der Öle

WEIHRAUCH: Weihrauchöl galt schon immer als Kostbarkeit, da es die spirituelle Anbindung stärkt. Es eröffnet uns einen mühelosen Zugang zu unserer inneren Führung, unserem Höheren Selbst, sowie dem Raum, der entsteht, wenn wir ganz in Frieden mit uns sind. Weihrauch kann uns auch dabei unterstützen, tief in uns verborgene Gaben ans Licht zu bringen.

ONYCHA: Onycha wirkt auf allen Ebenen klärend und reinigend. In der Vergangenheit wurde das Öl aufgrund seiner antiseptischen Wirkung in Krankenhäusern zur Reinigung der Räume verwendet. Auf der spirituellen Ebene hilft es uns dabei, uns selbst zu verwirklichen und unsere Strahlkraft voll und ganz anzunehmen.

Ritual: Verbinde dich mit deinem Höheren Selbst

Dieses Ritual besteht aus zwei Teilen: In der folgenden Übung setzt du mit der Unterstützung von Weihrauch die Intentionen, deine eigenen Fähigkeiten zu erkennen und sie für deine Ziele einzusetzen sowie Inspiration aus höheren Ebenen zu empfangen. In der anschließenden Meditation verabschiedest du dich mithilfe der reinigenden Wirkung von Onycha von alten Glaubenssätzen und gibst dich ganz deiner inneren Führung hin.

Du brauchst:
- ätherische Öle: Weihrauch und Onycha
- dein Rauhnacht-Journal
- einen Stift
- eine bequeme Unterlage zum Liegen

Begib dich an einen Ort, an dem du für etwa 30 Minuten ungestört bist, und mache es dir dort bequem. Gib 1–2 Tropfen Weihrauchöl auf eine Handfläche, und nimm es mit dem Zeige- und dem Mittelfinger der anderen Hand auf, indem du es sanft verreibst. Führe diese Hand nun an dein Herz, und trage das Öl an dieser Stelle behutsam auf deine Brust auf. Setze dabei die Intention der Klarheit, indem du folgende Worte sprichst: »Möge ich klaren Herzens erkennen, wozu ich fähig bin und wie ich all das erreichen kann, was sich mein Herz ersehnt.«

Gib nun erneut 1–2 Tropfen des Weihrauchöls in eine Hand, verreibe es zwischen deinen Handflächen, und verteile es auf dem höchsten Punkt deines Kopfes. Setze dabei die Intention der Inspiration, indem du folgende Worte sprichst: »Möge ich mich in die Weiten des unendlichen Raumes hinein ausdehnen und klare Inspirationen aus dem Feld meiner und der universellen Seele erhalten.«

Beantworte nun folgende Fragen:
- »Wenn ich mein Leben aus der Verbindung mit meinem Höheren Selbst heraus kreieren würde: Wie würde ich mich fühlen, was würde ich denken, und wie würde ich handeln?«
- Öffne dich für die Impulse deiner inneren Führung, und frage sie: »Welche fünf Handlungsschritte werden mir im kommenden Jahr am meisten dienen?«
- »Welche blockierenden Gedanken und Glaubenssätze darf ich hinter mir lassen, um neues Vertrauen in meine innere Stimme zu erlangen?«
- »Welche meiner Eigenschaften darf ich stärken oder vollständig annehmen, um (noch besser) auf meine innere Stimme hören und ihr vertrauen zu können?«

Führe anschließend eine kleine Meditation mit Onycha durch:

Gib dazu 1–2 Tropfen Onychaöl in eine Hand, und verreibe es zwischen deinen Handflächen. Lege dich nun auf den Rücken, schließe die Augen, und führe die Hände nah an deine Nase heran. Atme sanft ein und aus, und lasse den Duft des Onycha deinen Körper und deinen Geist vollständig durchströmen.

Stelle dir nun vor, dass du dich in einem wunderschönen, goldverzierten antiken Tempel befindest, dessen Dach von weißen Marmorsäulen getragen wird. Du spürst die heilsamen Schwingungen, die sich über die Jahre hinweg im Gewölbe angesammelt haben.

Duftwolken von Onycha steigen zwischen den Säulen auf und erfüllen diesen heiligen Raum. Genieße das wohltuende Aroma. Die feinstoffliche Energie des Öls umhüllt deine Aura und deinen Körper und erfüllt dein ganzes Sein.

Spüre, wie die Energie von Onycha all die alten Glaubenssätze und Gedanken in dir löst, die einst zu deinem Schutz dienten, dich heute jedoch ausbremsen, und nimm wahr, wie diese Last sich zu deinem Wohl in Leichtigkeit, Tatkraft und Stabilität transformiert.

Gib dich diesem Prozess vertrauensvoll hin, selbst wenn er sich für dich vielleicht noch ungewohnt anfühlt. Atme weiterhin sanft ein und aus, und lasse die Heilkraft des Öls einfach wirken, bis du das Gefühl hast, dass alles Schwere aus deinem Körper und deinem Energiefeld verschwunden ist.

Komme in deiner Zeit zurück ins Hier und Jetzt, und öffne langsam deine Augen.

Wenn du nach der Meditation bemerkst, dass es noch mehr gibt, was du loslassen möchtest, umgib dich so lange mit dem Duft von Onycha, bis du spürst, dass du vollkommen frei von altem Ballast bist. Trage dafür 1–2 Tropfen Onychaöl (nach Belieben auch zusammen mit Weihrauchöl) auf deine Handgelenke auf.

Impulse für die zweite Rauhnacht

* Gib morgens nach dem Aufstehen 1–2 Tropfen Onychaöl in eine Hand, und nimm es mit dem Zeige- und dem Mittelfinger der anderen Hand auf, indem du es verreibst. Trage es auf den höchsten Punkt deines Kopfes auf, und stelle dir vor, dass ein Lichtstrahl aus deinem Kronenchakra nach oben strömt und dich mit deinem Höheren Selbst verbindet. Bitte dieses um Führung.

* Verbinde dich immer wieder bewusst mit deiner inneren Führung, indem du ganz still wirst und in dich hineinlauschst. Stelle ihr die Fragen:
  - »Was ist jetzt gerade wichtig für mich?«
  - »Was bleibt mir von meinem momentanen Standpunkt aus noch verborgen?«

  Deine innere Führung wird dir auf ihre Weise antworten.

* Ziehe Engel- oder Meisterkarten mit der Frage: »Welche himmlischen Lehrer werden mich im kommenden Jahr begleiten?« Wähle dabei so viele Karten, wie es sich für dich richtig anfühlt.

* Reinige dein Energiefeld mithilfe der klärenden Wirkung von Weihrauch und Onycha, indem du sie in deinem Raum diffundierst oder ein Auraspray benutzt, das diese Öle enthält.

* Am 1. und 2. Februar wird Imbolc gefeiert – ein nordisches Mondfest, das uns Reinigung und Läuterung bringt. Der gesamte Februar, aber vor allem dieser Tag lädt dich dazu ein, deine Gedanken und Gefühle zu notieren und sie zu reflektieren. So klärst du deinen Geist und kannst Ereignisse aus einem völlig neuen Blickwinkel betrachten.

Journal-Fragen
für die zweite Rauhnacht

* »Welche ätherischen Öle helfen mir besonders gut dabei, mich mit meinem Höheren Selbst zu verbinden?« Notiere sie in deinem Journal. Schreibe dazu, welche Wirkung sie auf dich haben.

* »Was kann ich tun, um mich noch intensiver mit meinem Höheren Selbst zu verbinden?« Hilft dir zum Beispiel das regelmäßige Praktizieren von Yoga oder Meditation?

* »Welche Engel, Meister oder Krafttiere begleiten mich?, Welche Bedeutung haben sie für mich und mein Wirken?«

* »An welchen Gedanken, Handlungen und Ereignissen bemerke ich, dass ich mit meinem Höheren Selbst verbunden bin?«

* Stelle dir vor, du verbindest dich ab jetzt regelmäßig mit deinem Höheren Selbst. Frage dich dabei: »Wie verändert sich dadurch mein Leben?«

Inspiration: Nabhi Chikitsa

Unser Bauchnabel ist einer der ersten Körperteile, der nach der Empfängnis ausgebildet wird. Aus ihm heraus wächst die Nabelschnur, über die wir im Mutterleib mir allem versorgt werden, was wir brauchen. Über 72 000 Nervenbahnen sind mit unserem Nabel verbunden und führen somit zu unserer Mitte.

Bei der Bauchnabeltherapie, die auch Nabhi Chikitsa genannt wird und aus der weltweit ältesten Gesundheitslehre, dem Ayurveda, stammt, werden Energiebahnen beispielsweise durch Akupunktur, Schröpfen oder die Anwendung verschiedener Kräuter von Blockaden befreit.

Tragen wir ätherische Öle auf unseren Bauchnabel auf, können sie ihr volles Wirkungspotenzial in uns entfalten. Laut zahlreicher Berichte führt zum Beispiel die Anwendung von Weihrauch an dieser Stelle zu einer intensiven Stärkung unserer inneren Strahlkraft, während Lavendel eine besonders tiefe Entspannung ermöglicht. Auch soll sich die Wirkkraft der Öle von hier aus sehr gut bis auf die geistigen Ebenen ausweiten.

Am wirkungsvollsten ist das Auftragen von 2–3 Tropfen des jeweiligen Öls vor dem Schlafengehen. Lege dich hierfür am besten in dein Bett, entspanne dich, und massiere das Öl etwa eine Minute lang in und um deinen Bauchnabel herum ein.

3. Rauhnacht

26./27. Dezember

Ätherische Öle: Jasmin & Rosengeranie

Themen: Selbstliebe & Herzöffnung

Monat: März

In der dritten Rauhnacht lassen wir uns in den Schoß der Liebe fallen und weiten und öffnen unser Herz. Denn das, was im Verborgenen bleibt, kann nie zu seiner ganzen Größe erwachsen und in seiner vollen Schönheit erblühen. Da diese Rauhnacht dem Monat März und damit der Zeit der Knospen zugeordnet ist, können wir uns heute dem Kreislauf der Natur anschließen und uns darauf vorbereiten, uns dem Wunder, das wir selbst sind, wieder zu öffnen.

Liebe ist in all ihren Formen und Ausdrucksmöglichkeiten ein Wunder. Achte heute besonders darauf, wie du mit dir selbst und mit deinem Umfeld umgehst, und frage dich stets, ob du in Liebe agierst. Nutze am heutigen Tag verstärkt die herzöffnenden Öle Jasmin und Rosengeranie, die dich darin bestärken, dein Herzfeld auszudehnen und immer tiefer in die Selbstliebe einzutauchen.

Steckbriefe der Öle

JASMIN: Der Duft der Jasminpflanze galt schon immer als der betörende, feminine Duft der Liebe, der Erotik und der erfüllten Beziehungen. Da sie ihr unwiderstehliches Aroma vor allem in der Nacht verströmt, wird sie auch als »Mondlicht im Hain« bezeichnet. Das Öl dieses Strauchs kann uns dabei helfen, jegliche Schwierigkeiten in unseren Beziehungen zu überwinden und die Harmonie wiederherzustellen. Auch unterstützt es uns dabei, inneren Unfrieden loszulassen. Dadurch ermöglicht uns Jasmin, zu uns selbst zurückzufinden und Inspiration, Selbstvertrauen und Leichtigkeit in uns zu erwecken.

ROSENGERANIE: Das Öl der Rosengeranie vermag es, all die Qualitäten in uns zum Vorschein zu bringen, die die Liebe zwischen Mutter und Kind auszeichnen – jene Form der Liebe, die der göttlichen Liebe, die unendlich groß und bedingungslos ist, am nächsten kommt.
Auch kann das Öl in uns angestaute Emotionen lösen. Es unterstützt uns dabei, aus dem Karussell der kreisenden Gedanken auszusteigen, innerlich ruhig zu werden und uns dem Hier und Jetzt, dem gegenwärtigen Augenblick, ganz hinzugeben. Der Duft ist wie eine sanfte, liebevolle Umarmung, die alles Schwere von uns abfallen lässt.

Ritual:
Lasse in dir bedingungslose Liebe erblühen

Mithilfe dieses Rituals kannst du dein Mitgefühl und die Liebe zu dir und deinen Mitmenschen neu erblühen lassen und somit die Beziehung zu dir selbst und zu anderen stärken.

Während des Rituals verwenden wir das Mantra »Aham Prema – Ich bin Liebe«, eines der bedeutendsten und zugleich einfachsten Mantras, das das Wissen um das immerwährende Vorhandensein der Liebe in all ihrer Fülle in uns verankert. Das Mantra kann uns dabei helfen, die gegenwärtige Situation leichter zu akzeptieren und mitfühlend uns und unserem Umfeld gegenüber zu sein. Es unterstützt uns dabei, zum Kern unseres wahren Wesens vorzudringen und von dort aus unser inneres Licht erstrahlen zu lassen. Indem wir selbst hell leuchten, werden wir auch zum Leuchtturm für andere und bestärken sie darin, es uns gleichzutun.

In Verbindung mit ätherischen Ölen können Mantras zu besonders machtvollen Begleitern werden. In diesem Fall entzünden wir durch ihre Kombination das lodernde Feuer der Liebe in uns.

Du brauchst:
* ätherische Öle: Rosengeranie und Jasmin

Setze dich aufrecht hin. Gib 1–2 Tropfen Rosengeranienöl in eine Hand, und verreibe es zwischen deinen Handflächen. Fächle das Öl mit weit ausgestreckten Armen sanft in deine Aura. Genieße den lieblichen Duft, und spüre, wie sich dein Energiefeld ausdehnt.

Gib nun 1–2 Tropfen Jasminöl in eine Hand, und nimm es mit dem Zeige- und dem Mittelfinger der anderen Hand auf, indem du es sanft verreibst. Trage das Öl mit diesen Fingern auf deine Brust im Bereich des Herzens auf. Führe dann deine Handflächen zur Nase, und atme den kräftigen Jasminduft vermischt mit einem Hauch Rosengeranie ein.

Lasse deine Arme sinken, lege deine Hände auf deinen Oberschenkeln ab, und richte deine Aufmerksamkeit auf dein Herz. Sprich oder singe das Mantra »Aham Prema«.* Finde einen Rhythmus und eine Tonlage, die dir entsprechen und sich für dich gut anfühlen. Sprich oder singe dieses Mantra so lange, intensiv und laut, wie du möchtest.

Rieche tagsüber immer wieder an den verwendeten Ölen, und erinnere dich dabei an das Mantra »Aham Prema«.

---

* Wenn du das Mantra singen möchtest, aber nicht weißt, wie, kannst du dich von diesem Youtube-Video inspirieren lassen: https://www.youtube.com/watch?v=Vs-Cz0IYWz8, Stand: 30.08.2022

Impulse für die dritte Rauhnacht

* Lasse dir ein Bad mit 2–3 Tropfen Jasminöl ein, und nimm wahr, wie dich der sinnlich-betörende Duft liebevoll einhüllt. Lasse dich von ihm in wunderschöne innere Welten tragen. Alternativ kannst du dein Badewasser mit 2–3 Tropfen Rosengeranienöl und frischen Rosenblütenblättern nach Belieben versetzen. Möchtest du eine Wohlfühlatmosphäre kreieren, zünde Kerzen an.

* Trage heute einen Rosenquarz in Form eines Handschmeichlers bei dir, oder meditiere mit einem Rosenquarz in jeder Hand. Konzentriere dich dabei auf deine Handchakras, durch die die feinen Schwingungen der Edelsteine in deinen Körper und deine Aura fließen.

* Trage heute und, wann immer es sich für dich gut anfühlt, das Öl der Rosengeranie auf deine Handgelenke auf. Genieße immer wieder den lieblichen Duft, und flüstere dabei das Mantra »Aham Prema«.

* Trage ab heute mindestens 21 Tage lang 1–2 Tropfen Jasmin- oder Rosengeranienöl auf den Bereich deines Herzens auf. Beobachte, was sich dadurch verändert.

Journal-Fragen
für die dritte Rauhnacht

* »Was liebe ich an mir? Wofür liebe ich mich?« Liebst du zum Beispiel deinen Körper oder bestimmte Körperteile? Liebst du dich dafür, dass du deine Werte vertrittst, wie du mit deinen Mitmenschen umgehst oder dich kreativ ausdrückst? Erstelle eine Liebesliste.

* »Was hilft mir dabei, mein Herz offen und rein zu halten?« Male ein großes Herz, in das du all das, was dir dazu in den Sinn kommt, hineinschreibst.
»Was sollte ich aus Liebe zu mir nicht in mein Herz lassen?« Schreibe es außerhalb des gezeichneten Herzens auf.

* »Was bedeutet bedingungslose Liebe für mich?« Notiere alle Gedanken, Gefühle und Gesten, die dir dazu einfallen.

* »Wann und durch wen habe ich schon einmal bedingungslose Liebe erfahren?« Verewige all die schönen Erinnerungen in deinem Journal.

* »Wie sähe mein Leben aus, wenn ich es mit offenem Herzen leben und die Liebe frei fließen würde?«

Die vierte Rauhnacht kann uns dabei helfen, all das umzuwandeln, was noch nicht im Energiefeld der Liebe und der Einheit schwingt. Natürlich können wir jederzeit belastende Themen auflösen und transformieren, doch der heutige Tag ist besonders dafür geeignet. Der 28. Dezember wird auch als »Tag der unschuldigen Kinder« bezeichnet, was auf König Herodes zurückgeht. Dieser ordnete den Mord an allen Kleinkindern im Land an, weil er in Jesus, dem neugeborenen Sohn Gottes, einen Rivalen sah und ihn beseitigen wollte. Symbolisch steht dieses Ereignis für das Alte, das versucht, das Neue zu unterdrücken und zu verhindern. Wandel lässt sich jedoch nicht aufhalten. Damit wir ihn annehmen, willkommen heißen und die neuen Möglichkeiten, die er mit sich bringt, für uns nutzen können, müssen wir uns von Vergangenem lossagen.

Kläre besonders an diesem Tag dein Energiefeld und deine Räume mit Nelkenöl. Du kannst auch 1–2 Tropfen Salbei-, Pfefferminz- oder Kampferöl zwischen deinen Händen verreiben und sanft in deine Aura fächeln.
Wenn wir von Räumen sprechen, dann meinen wir nicht nur die, in denen du lebst, sondern vor allem auch deine Beziehungsräume. Wenn du negative Schwingungen in deinem Umfeld wahrnimmst, kläre auch deine Beziehungsebenen.
Beziehungsräume entstehen nicht nur, wenn wir anderen Menschen persönlich begegnen und sich

dabei unsere Energiefelder überschneiden, sondern bereits dann, wenn wir an jemanden denken. Befinden wir uns zum Beispiel gerade mit einer Person in Zwietracht, wird die Energie unserer negativen Gedanken und Gefühle ihr gegenüber durch unseren gemeinsamen Beziehungsraum an sie weitergeleitet, gleich, wo sie sich aufhält. Das ist der Auflösung des Konflikts natürlich nicht zuträglich. Deshalb ist Bewusstheit hier sehr wichtig. Die Neuprogrammierung unserer Gefühle und Gedanken bzw. die Rückbesinnung auf unseren Ursprung kann zum Beispiel mit Weihrauch gelingen. Nelke eignet sich gut dafür, Verstrickungen zu lösen.

Tipp:

Heute ist eine sogenannte Umkehrnacht. Du hast in dieser Nacht die Möglichkeit, dich von allem zu lösen, was in den vergangenen Rauhnächten nicht optimal gelaufen ist. Schreibe alles Negative auf einen Zettel, gib, wenn du möchtest, 1 Tropfen Wacholderöl darauf, und verbrenne ihn.

Steckbriefe der Öle

NELKE: Nelkenöl wirkt wärmend auf Körper und Seele. Es führt uns in unsere Mitte und entfacht in uns Mut, Stärke sowie Durchsetzungskraft. Durch ihre geistig reinigende Wirkung bereitet die Nelke uns den Weg, ganz neue Qualitäten in uns zu entdecken und zum Vorschein zu bringen.
Achtung: Wende Nelke innerlich immer nur mit einem Trägeröl verdünnt an, um Reizungen der Schleimhäute vorzubeugen.

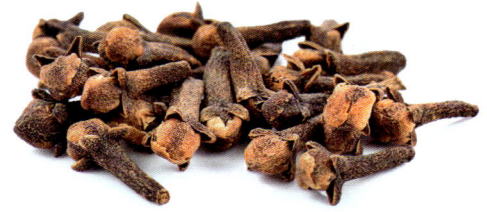

WACHOLDER: Wacholder ist die Pflanze der Bewusstwerdung und der Entgiftung auf geistig-seelischer Ebene. Bereits früher wurde sie zur Austreibung von bösen Geistern und Dämonen verwendet. Ihre befreiende Wirkung können wir uns auch heute zunutze machen, wenn uns schwere, negative Gedanken fest im Griff haben. Bei den Germanen galt die Wacholderpflanze als Wegweiser zur Ahnenwelt und als Symbol des ewigen Lebens.

Ritual: Kläre dein Energiefeld

Das Wesen der Nelke unterstützt dich bei dieser Energiefeldreinigung dabei, emotionale Verstrickungen und Anhaftungen zu lösen.

Du brauchst:
- ätherische Öle: Nelke, Salbei (nach Belieben) und Balsamtanne (nach Belieben)

Gib 1 Tropfen Nelkenöl in eine Hand, und verreibe es zwischen deinen Handflächen. Setze dir dabei ganz bewusst die Intention, dich von Verbindungen, die dir nicht mehr dienen, zu befreien. Streiche mit deinen Händen die Aura im Bereich deiner Nieren behutsam aus, um jene von dort abgelagerten negativen Emotionen zu reinigen. Wenn du den Impuls verspürst, das Öl in deinem gesamten Energiefeld zu verteilen, folge ihm, und kläre, was geklärt werden möchte. Mitunter sitzen auch im Nacken Energien fest.

Nun löse emotionale Verstrickungen mit anderen Personen auf. Dafür ist es wichtig, die Intention zu setzen, eure Beziehung zu verbessern. Male dir gedanklich aus, wie eure Beziehung in Zukunft aussehen soll. Richte dich dabei auf das Göttliche aus, und tauche in das Energiefeld der Liebe und Einheit ein.

Wenn du während der Übung spürst, dass du mehr Freiraum in deinen Beziehungen benötigst, kannst du dein gesamtes Energiefeld zusätzlich mit 1–2 Tropfen Salbeiöl reinigen. Möglicherweise wirst du danach feststellen, dass dein Becken beweglicher und deine Schritte leichter und federnder sind.

Wünschst du dir mehr energetische Stabilität, kannst du abschließend noch 1 Tropfen Balsamtannenöl in dein gesamtes Energiefeld geben.

Ritual: Vertreibe negative Gedanken

In diesem Ritual kannst du deine negativen Gedanken mithilfe von Wacholder vertreiben. Durch die Verwendung einer besonderen Wacholderräucherung, die dich in den Heilraum des Wacholderwesens führt, intensiviert sich die Wirkung.

Du brauchst:
- ätherisches Öl: Wacholder
- frisch gemörserte Wacholderbeeren
- Wacholdernadeln
- ein Räucherstövchen mit Sieb
- ein Teelicht
- Streichhölzer oder ein Feuerzeug

Stelle dein Räucherstövchen an einer windgeschützten Stelle auf, und befestige das Sieb mit ausreichendem Abstand zur Flamme.

Gib zunächst die Wacholdernadeln in das Sieb, und zünde das Teelicht an.

Verräuchere die Wacholdernadeln, und gib dann einige der Wacholderbeeren obendrauf.

Beträufle die restlichen Beeren mit 1–2 Tropfen Wacholderöl, und lege sie zum Abschluss der Zeremonie auf das Sieb.

Fächere den aufsteigenden Rauch mit beiden Händen in Richtung deines Kopfes, und nimm wahr, wie er deine schweren Gedanken umhüllt und sie in Leichtigkeit transformiert.

Impulse für die vierte Rauhnacht

✳ Wenn du gerade wenig Zeit hast, kannst du dein Energiefeld auch zwischendurch klären. Gib dafür 1–2 Tropfen Ysopöl (Steckbrief, siehe S. 156) in eine Hand, aktiviere es, indem du es zwischen deinen Händen verreibst, und streiche es an deinem Kronenchakra beginnend bis zu deinen Füßen in deine Aura. Genieße die Frische und Leichtigkeit!

✳ Möchtest du dein Energiefeld schützen, trage morgens und abends je 1 Tropfen Nelkenöl auf deine Fußsohlen auf.

✳ Wann immer du heute bemerkst, dass du negative Gedanken hast, frage dich, ob es deine eigenen oder von anderen übernommene sind. Wenn es nicht deine sind, stelle dir vor, dass sie sich aus deinem System lösen und zu ihrem Ursprung zurückkehren.

✳ Arbeite heute gezielt mit dem violetten Licht oder der violetten Flamme der Transformation, indem du dir immer wieder vorstellst, in einer violetten Flamme zu stehen, die alles umwandelt, was nicht mehr zu dir gehört. Die Frequenz von Violett bewirkt auf körperlicher, geistiger und seelischer Ebene positive Veränderung.

✳ Lasse dich heute vom Wacholderöl durch den Tag begleiten. Gib gleich am Morgen 1–2 Tropfen auf deine Fußsohlen, und massiere sie ein. Bedufte tagsüber deine Räume damit, und meditiere am Abend mit dem Geist dieser Pflanzenseele, indem du 1–2 Tropfen ihres Öls auf deine Handflächen aufträgst und ihren Duft inhalierst. Erstelle eine Liste mit Intentionen, die du für dich verwirklichen möchtest.

Journal-Fragen
für die vierte Rauhnacht

* »Was hat sich in meinem Leben verändert, nachdem ich belastende Themen oder Situationen bewusst losgelassen habe?«

* »Konnte ich, nachdem ich diese Themen oder Situationen losgelassen habe, Dankbarkeit für das empfinden, was geschehen ist?«

* Male dich als Kind in deiner glücklichsten Version, und verwende dafür deine Lieblingsfarben. Beantworte die Frage: »Was empfinde ich beim Malen des Bildes?« Spüre, wie sich der Prozess des Malens in eine heilsame Therapie für dich verwandelt.
Wenn du möchtest, diffundiere währenddessen die Ölemischung »Inneres Kind«, eine Kombination aus Orange, Mandarine, Jasmin, Ylang-Ylang, Fichte, Sandelholz, Zitronengras und Neroli, oder trage sie ganz intuitiv an einer Stelle deines Körpers auf.

* Welchen Menschen in meinem Leben möchte ich heute vergeben?« Notiere neben ihren Namen auch die Gründe, aus denen du ihnen vergeben möchtest.

Diese Rauhnacht spiegelt bereits in ihrer Ziffer, der Fünf, das heutige Thema wider. Die Fünf ist für uns eine ganz besondere Zahl, denn wir haben nicht nur fünf Finger an jeder Hand und fünf Zehen an jedem Fuß, sondern verfügen auch über fünf Sinne. Diese ermöglichen es uns, mit unserer Außenwelt in Kontakt zu treten und mit ihr zu kommunizieren sowie Beziehungen herzustellen und diese zu pflegen. Lernen wir jemanden kennen, verrät uns unsere Nase recht schnell, ob wir die Person im wörtlichen und übertragenen Sinn gut riechen können oder ob sie nicht unserem »Geschmack« entspricht. Wir zeigen den uns nahestehenden Menschen unsere Zuneigung, indem wir sie zum Beispiel umarmen. Wir hören anderen zu und blicken ihnen dabei in die Augen. Im Austausch mit ihnen können wir ihr wahres Wesen erkennen und ihre Seele berühren.

Heute steht die Verbundenheit mit uns selbst und unserem Umfeld im Vordergrund. Gerade unsere Beziehungen und Freundschaften können wir in dieser Rauhnacht und dem mit ihr korrespondierenden Wonnemonat Mai positiv aufladen.

Auch können wir in dieser Rauhnacht überprüfen, welche unserer Verbindungen zu anderen Menschen uns wahrhaftig erfüllen. Führen wir Beziehungen, die unser Herz zum Leuchten bringen und uns das Gefühl von Freiheit vermitteln? Oder pflegen wir Kontakt zu Personen, die uns ablehnend oder gar herabsetzend begegnen, die uns ausnutzen, immer nur nehmen, aber kaum oder sogar nie etwas zurückgeben? Aber dennoch finden wir keinen Weg, die Beziehung zu ihnen abzubrechen? Sind wir möglicherweise sogar an einem Punkt angelangt, an dem wir jegliches Vertrauen darin verloren haben, die Menschen anzuziehen, die zu uns passen und unser Leben bereichern?

Die ätherischen Öle Geranie und Bergamotte helfen uns dabei, unpassende Beziehungen loszulassen und Menschen in unser Leben einzuladen, die uns guttun.

Steckbriefe der Öle

GERANIE: Das Öl der Geranie wirkt wunderbar entspannend auf unser Nervensystem und hilft uns dabei, den Weg für glücklichere Zeiten zu ebnen. Sein wunderbar üppiger Duft lässt Harmonie in unsere Gedanken, Gefühle und Handlungen fließen. In der Vergangenheit wurden oft Geranien in Vorgärten und auf Balkonen bzw. Fensterbänken angepflanzt, um die negativen Gedanken anderer Personen abzuwehren und liebevolle Menschen zu sich nach Hause einzuladen.

BERGAMOTTE: Bergamotte gilt als das Öl der Zufriedenheit und Gelassenheit. Somit ist es wunderbar dafür geeignet, innerlich in Frieden zu kommen und eine Wohlfühlatmosphäre im eigenen Heim zu kreieren, in der sich auch andere Menschen entspannen können. Das Öl wirkt stark stimmungsaufhellend, beruhigt die Nerven und unterstützt uns dabei, das Gefühl von Unzulänglichkeit aufzuarbeiten und in ein neues inneres Gleichgewicht zu gelangen.

Ritual: Öffne dich für bereichernde Beziehungen

Die Menschen, mit denen wir die meiste Zeit verbringen, haben einen großen Einfluss auf unser Leben. Wir übernehmen oft unbewusst ihre Gedankenmuster und entwickeln dadurch beispielsweise die gleichen Ängste wie sie. Diese Übung dient dazu, zu reflektieren, ob die uns nahestehenden Personen uns stärken oder schwächen, und herauszufinden, welche Eigenschaften diejenigen, mit denen wir uns umgeben, mitbringen sollten.

Du brauchst:
* dein Journal oder einen Zettel
* einen Stift

Beantworte heute schriftlich folgende Fragen:
- »Mit welchen fünf Menschen verbringe ich im Alltag die meiste Zeit?«
- »Was sind meine kühnsten Wünsche?« Nachdem du sie notiert hast, frage dich: »Würden die fünf Menschen mir Mut zusprechen, diese zu verwirklichen?«
- »Welche fünf Eigenschaften sind mir in all meinen zwischenmenschlichen Beziehungen bei meinem Gegenüber am wichtigsten?«
- »Welche fünf Eigenschaften fehlen mir selbst, die ich an anderen bewundere?« Öffnest du dich für sie und integrierst sie in dein Leben, ziehst du dadurch oft genau die Menschen an, die zu deiner Schwingung passen.

Ritual:
Lasse unpassende Beziehungen los

Mit dieser Übung kannst du die Menschen, die dir nicht oder nicht mehr guttun, in Dankbarkeit ziehen lassen.

Du brauchst:
- ätherische Öle: Geranie und Bergamotte
- einen Zettel
- einen Stift
- eine Feuerstelle oder -schale
- Streichhölzer oder ein Feuerzeug

Notiere auf einem Zettel jene Menschen, die dir nicht guttun. Das können Personen sein, die dir das Gefühl vermitteln, nicht richtig oder gut genug zu sein, die nicht an dich glauben oder daran, dass du deine Träume verwirklichen kannst. Notiere dir neben den Namen ihre Verhaltensweisen, durch die sie dich in deiner Entwicklung und bei der Verwirklichung deiner Visionen ausbremsen.

Halte diesen Zettel dann an dein Herz, und öffne es für die Menschen, die nicht in dein Leben passen. Danke ihnen für all das, was du bewusst oder unbewusst von ihnen lernen durftest.

Träufle anschließend jeweils 1–2 Tropfen Geranien- und Bergamottenöl auf den Zettel. Nutze eine Feuerstelle oder -schale, um ihn den Flammen zu übergeben. Lasse die Beziehungen nun dankend los, und hülle sie in das Licht deines Segens und deiner wohlwollenden Gedanken ein.

Impulse für die fünfte Rauhnacht

* Ziehe für jeden dir nahestehenden Menschen, zu dem du eine gute Beziehung hast, eine Orakel- oder Affirmationskarte mit der Frage: »Wie kann ich die Beziehung zu unser beider Wohl noch vertiefen oder verbessern?«

* Gib heute eine Ölemischung aus je 4 Tropfen Geranie und Bergamotte in den Diffuser, und lasse deine Gedanken immer wieder zu den Personen schweifen, die dir guttun. Was empfindest du dabei?

* Gibt es Menschen in deinem Leben, die dir einst guttaten, zu denen du inzwischen jedoch den Kontakt verloren hast? Nutze die Kraft des heutigen Tages dafür, dich mit ihnen in Verbindung zu setzen.

* Lege Geschenke von deinen Freunden auf deinen Altar, oder stelle Bilder von ihnen darauf, und denke jedes Mal, wenn dein Blick dorthin schweift, in Dankbarkeit an jene. So kannst du deine Beziehung zu ihnen stärken.

* Zünde heute eine Kerze für deine Freunde an, und stelle dir dabei vor, wie sie während der Rauhnächte von einem Kokon aus segensvollem Licht umhüllt und beschützt werden.

Journal-Fragen
für die fünfte Rauhnacht

* »In welcher Situation und Stimmung befand ich mich, als ich Menschen in mein Leben gezogen habe, die mich von meinem Weg abbringen?«

* »Was war anders, als ich konstruktive Beziehungen geknüpft habe?«

* »Was bedeuten Verbindung und Verbundenheit für mich?«

* »Wie kann ich die mir wichtigen, liebevollen und wertschätzenden Beziehungen noch zusätzlich stärken?« Vielleicht mit einer schönen Postkarte an die Freundin aus der benachbarten Stadt, einem Kinobesuch mit Freunden oder einer Verabredung zum gemeinsamen Kochen?

* »Bringe ich die Qualitäten und Werte, die ich bei einem Freund erwarte, auch selbst in unsere Beziehung ein?« Ist es zum Beispiel Pünktlichkeit, kommst du selbst rechtzeitig zu euren Treffen?

* »Wie verhalte ich mich in zwischenmenschlichen Konfliktsituationen?« Initiierst du zum Beispiel ein klärendes Gespräch und kommunizierst respektvoll und wertschätzend deine Bedürfnisse und Wünsche?

6. Rauhnacht

29./30. Dezember

Ätherische Öle: Salbei, Myrte & Ylang-Ylang

Themen: Versöhnung, Bereinigung & Familie

Monat: Juni

Die sechste Rauhnacht steht für den Juni – jenen Monat, in dem der Frühling in den Sommer übergeht. So, wie sich in dieser kraftvollen Zeit der Sommersonnenwende (21. Juni) Hell und Dunkel vereinen, verbinden wir an diesem Tag unsere männlichen und unsere weiblichen Kräfte miteinander. Indem wir diese scheinbar widersprüchlichen Anteile, die sich in Wahrheit gegenseitig ergänzen, zusammenführen, versöhnen wir uns mit uns selbst. Sind wir mit uns selbst im Reinen, können wir auch im Außen Versöhnung erfahren.

Dieser Tag eignet sich hervorragend, um all das zu bereinigen, was bereits hinter uns liegt, und Klarheit darüber zu erlangen, was uns noch bevorsteht. So können wir ihn beispielsweise nutzen, um zu überprüfen, welche Themen schon in unserem Bewusstsein verankert sind und welcher wir noch gewahr werden dürfen.

Indem wir für Klarheit sorgen, Themen bereinigen und Vergebung leben, erschaffen wir einen Raum für erfüllende, von Liebe getragene und von gegenseitiger Wertschätzung geprägte Beziehungen. Vor allem die Verbindung zu unserer Familie darf in dieser Rauhnacht in unseren Fokus rücken.

Salbei, Myrte und Ylang-Ylang sind die ätherischen Öle, die uns in dieser Rauhnacht unterstützend zur Seite stehen.

Steckbriefe der Öle

SALBEI: Als eines der auf spiritueller Ebene am besten reinigenden Öle gilt Salbei, denn es desinfiziert sozusagen nahezu alles, was energetisch beschmutzt ist oder niedrig schwingt. Besonders Gefühle wie Wut, Trauer oder Scham lassen sich gut mit Salbei klären. Mithilfe dieses ätherischen Öls können wir zu unserem wahrhaftigen Ausdruck finden.

MYRTE: Myrte ist ein Mysterienöl, das uns von Schuld und uralten Verletzungen erlösen kann. Es gilt ebenso als Schutz- und Liebesöl, das uns dabei unterstützt, unsere emotionalen Wunden durch das Licht der Vergebung und der allumfassenden Liebe zu heilen.

YLANG-YLANG: Der betörende und blumig-süße Duft von Ylang-Ylang schenkt uns Ausgleich auf allen Ebenen, insbesondere bezüglich unserer Yin- und Yang-Anteile. Durch die Anwendung des ätherischen Öls wird unsere Sinnlichkeit aktiviert und unser Herz geöffnet. Dies macht Ylang-Ylang zu einem wunderbaren Begleiter, wenn es um die Vereinigung unserer inneren Anteile geht.

Ritual: Kläre deine Beziehungen

Nimm dir in der heutigen Rauhnacht die Zeit und den Raum, Klarheit und Versöhnung in deine zwischenmenschlichen, vor allem familiären, Beziehungen zu bringen.

Du brauchst:
- ätherische Öle: Salbei, Myrte und Ylang-Ylang
- etwas Trägeröl wie Mandel- oder Jojobaöl (nach Bedarf)
- ein getrocknetes Salbeibündel zum Räuchern
- Streichhölzer oder ein Feuerzeug

Erschaffe dir deinen persönlichen Wohlfühlraum, indem du dich an einen ruhigen Platz zurückziehst, entspannende Musik abspielst, dein Energiefeld sowie deine Umgebung mit einem Salbeibündel räucherst und es dir schließlich gemütlich machst.

Trage 1–2 Tropfen Salbeiöl auf eine Hand auf, und verreibe es sanft zwischen deinen Handflächen. Strecke deine Hände mit zu deinem Körper gerichteten Handflächen über deinen Kopf. Bewege deine Hände nun langsam und dicht entlang deines Körpers nach unten, und spüre, wie dein Energiefeld noch umfassender gereinigt wird. Achte auf Stellen, die sich noch energetisch schwer oder unklar anfühlen. Halte an diesen Bereichen kurz inne, und bitte die Pflanzenseele des Salbeis, dort besonders intensiv zu wirken.

Träufle 1–2 Tropfen Myrtenöl auf eine Hand (wenn du möchtest, kannst du für eine größere Menge Öl ein paar wenige Tropfen Trägeröl hinzufügen), und nimm es mit dem Zeige- und dem Mittelfinger der anderen Hand auf, indem du es sanft verreibst. Male mit denselben Fingern nun das Unendlichkeitssymbol, die liegende Acht, in aufgerichteter Position auf den Bereich des Solarplexus- und des Herzchakras auf. Gehe hierbei ganz bewusst und bedächtig vor. Denke währenddessen an die Menschen und die mit ihnen verbundenen Themen, die den Solarplexus (steht für Selbstwert, Identität und innere Kraft) und das Herz (steht für Liebe, Mitgefühl und Akzeptanz) betreffen. Möglicherweise steigt dabei ein Gefühl von Schwere oder Enge in dir auf, das du mit einem erneuten

Aufmalen des Symbols und der Kraft der Myrte erlösen kannst. Stelle dir vor, wie sich alles Zwischenmenschliche, was im Unklaren ist, wohlwollend transformiert. Wiederhole diesen Ablauf so oft, bis du dich erfrischt und klar fühlst.

Trage zum Schluss je 1 Tropfen Ylang-Ylang-Öl auf deine Handgelenke auf, verreibe es dort, und führe deine rechte Hand (Sonne, Yang) und deine linke Hand (Mond, Yin) vor deinem Herzen in der Gebetshaltung zusammen. Nimm den intensiven und ausgleichenden Duft dieses kostbaren Öls tief in dich auf. Spüre, wie dein Herz sich öffnet und sich dadurch ein Raum der Liebe, Schönheit und Einheit in dir offenbart.

Impulse für die sechste Rauhnacht

* Räume dein Zuhause auf, und trenne dich dabei von Gegenständen, die dich an Personen oder Ereignisse erinnern, die du schon lange in Vergebung und Liebe loslassen möchtest. Beginne in dieser Rauhnacht mit einem Bereich: Entrümple zum Beispiel deinen Kleiderschrank, deine Kommode oder deinen Schreibtisch.

* Kreiere einen Altar mit Bildern von deiner Familie, deinen Vorfahren oder deiner Wahlfamilie. Sende den Menschen auf den Bildern jedes Mal, wenn dein Blick zu dem Altar schweift, deinen Segen, indem du sie in deiner Vorstellung in goldenes Licht einhüllst.

* Trage heute 1–2 Tropfen Ylang-Ylang-Öl auf den Bereich deines Herzens auf, und denke über den Tag hinweg immer wieder an die Vereinigung deiner männlichen und deiner weiblichen Anteile.

* Notiere in deinem Journal alle Themen, die du los- und im alten Jahr zurücklassen möchtest.

* Für mehr Balance und versöhnliche Gedanken und Gefühle diffundiere heute immer wieder 1–2 Tropfen Myrtenöl, oder inhaliere sein Aroma aus deinen Händen.

Journal-Fragen
für die sechste Rauhnacht

* »Was bedeutet es für mich, meine weibliche Energie zu leben?«

* »In welcher Form möchte ich meine männliche Kraft ausdrücken?«

* »Wie kann ich meine weibliche und meine männliche Energie in ein ausgewogenes Verhältnis bringen?«

* »Mit welchen Menschen möchte ich mich versöhnen? Welche möchte ich wieder in mein Leben einladen?«

* »Welche Handlungen aus der Vergangenheit kann ich mir nicht verzeihen, und was sind die Gründe dafür?«

7. Rauhnacht

30./31. Dezember

Ätherische Öle: Neroli & Traumfängermischung

Themen: Wandlung, Vorbereitung auf das Kommende & Übergang ins neue Jahr

Monat: Juli

Der Silvesterabend ist eine besondere Zeit in der Vorbereitung auf das neue Jahr. Wir erhalten einen Einblick darin, was uns in den kommenden zwölf Monaten erwartet, indem wir orakeln, Rituale durchführen oder unsere Intentionen notieren, die wir aus tiefstem Herzen im neuen Jahr verwirklichen möchten. Diese Rauhnacht ist dem Monat Juli zugeordnet, einer Zeit, in der viele altertümliche und rituelle Feste gefeiert werden und wir die wärmenden Sonnenstrahlen und das Beisammensein mit Freunden und der Familie genießen.
In dieser Nacht ist es besonders sinnvoll, unsere Ziele für das nächste Jahr zu festigen, indem wir uns unsere Vision für das neue Jahr immer wieder vor Augen führen. Dafür können wir auch unser Visionboard (siehe S. 47) nutzen und es gegebenenfalls erweitern.

Frage dich hierfür:
- »Was ist meine Vision für das neue Jahr?«
- »Welche fünf Gefühle möchte ich im kommenden Jahr am häufigsten erleben?«
- »Was möchte ich anders oder besser machen als im vorherigen Jahr?«

Das ätherische Öl Neroli und die Traumfängermischung unterstützen dich dabei, deine Visionen Realität werden zu lassen.

Steckbriefe der Öle

NEROLI: Aus den Blüten des Bitterorangenbaums wird das kostbare Neroliöl gewonnen, das sehr blumig und erfrischend duftet. Es erzeugt eine wohlige Atmosphäre und eröffnet uns Wege der Freude. Neroli gilt auch als das Öl des Höheren Selbst. Es verbindet uns mit unserem Seelenstern, dem achten Chakra, stärkt also unsere spirituelle Anbindung, wodurch wir unsere Visionen klarer empfangen können.

TRAUMFÄNGERMISCHUNG: Mithilfe der besonderen Kombination aus den exklusiven Ölen von Sandelholz, Mandarine, Ylang-Ylang, Schwarzer Pfeffer, Bergamotte, Anis, Wacholder, Geranie, Blaue Zypresse, Davana, Kaffernlimette, Jasmin, Echte Kamille, Blauer Rainfarn, Rose, Grapefruit, Grüne Minze, Zitrone und Ocotea können wir uns mit unseren Träumen verbinden und die Bilder unserer Traumwelt in die richtigen, unserem Wohl dienenden Bahnen lenken. Unsere Seele erhält den Impuls, aufzuatmen und ihr wahres Wesen zum Vorschein kommen zu lassen. Traumfänger gilt als Ölemischung der Visionen, da sie uns dabei unterstützt, diese zu manifestieren. Sie lässt Klarheit und Zuversicht entstehen, beruhigt und fokussiert.

Ritual: Nimm dir Zeit für deine Visionen

In dieser Meditation erweckst du deine Schöpferkraft für die Umsetzung deiner Träume, indem du dich mit deinem Seelenstern verbindest und deine Visionen für das kommende Jahr visualisierst.

Du brauchst:
* ätherische Öle: Neroli und Traumfängermischung
* ein großes Blatt Papier oder ein großes Stück Karton
* verschiedene Farbstifte

Suche einen ruhigen Raum bei dir zu Hause oder einen friedlichen Ort in der Natur auf. Umgib dich mit dem Duft von Neroli, indem du etwas Öl in deinen Diffuser gibst oder je 1 Tropfen auf deine Handgelenke aufträgst.

Schließe deine Augen, und tauche ganz in die Stille ein. Spüre, wie dich der blumige Duft von Neroli augenblicklich ins Hier und Jetzt bringt. Stelle dir vor, dass du dich mit deinem Höheren Selbst verbindest, indem du deine Aufmerksamkeit auf dein achtes Chakra richtest, deinen Seelenstern, das sich etwa 20 cm über deinem Kopf befindet und magentafarben erstrahlt – in jener Farbe, die dich mit dem Urlicht der göttlichen Liebe verbindet.

Stelle dir dein achtes Chakra als wunderschönen, leuchtenden Kelch vor, aus dem das magentafarbene Licht in deine Aura herabsprudelt und durch alle deine energetischen Körper, Chakras und Zellen fließt. Lasse dich vollkommen von dem Licht einhüllen und erfüllen, und nimm nach einer Weile wahr, wie du ganz im Rausch der göttlichen Liebe ankommst und die Verbundenheit mit allem spürst, was ist.

Verbinde dich nun bewusst mit all deinen Visionen und kühnsten Träumen. Wenn du alles erreichen könntest, was du dir wünschst, wie würde sich deine Realität verändern? Wie würde sie sich anfühlen?

Öffne nun sanft deine Augen, aber bleibe weiterhin mit deinem Seelenstern verbunden.

Nimm das Blatt Papier oder den Karton, und male dich selbst in die Mitte. Schreibe außen herum in verschiedenen Farben deine Visionen auf, oder male sie, wenn dir danach ist. Bleibe dabei in der Energie der Leichtigkeit und Freude, denn bereits dadurch beginnt die Schöpfung deiner neuen Wirklichkeit.

Trage dann jeweils 1 Tropfen der Traumfängermischung auf die Bereiche deines Steißbeins, deines Herzens und deines Dritten Auges auf, und betrachte das Bild, das du soeben gemalt hast. Spüre ganz bewusst die Kraft, die sich dadurch in dir entfaltet.

Hänge das Bild gut sichtbar auf, sodass du deine Visionen täglich im Blick hast. Nutze Neroli und die Traumfängermischung immer dann, wenn du dich intensiv mit deinen Träumen verbinden möchtest.

Impulse für die siebte Rauhnacht

* Lege dir heute die Orakelkarten deiner Wahl für folgende Fragen:
  * »Was ist mir im neuen Jahr besonders wichtig?«
  * »Worauf sollte ich achten?«
  * »Was kann mich dabei unterstützen, meine eigene Schwingung hochzuhalten?«

* Schreibe einen deiner größten Wünsche auf einen Zettel, und lege diesen an die Wurzeln eines Baumes, den du besonders magst.

* Schenke den Menschen, mit denen du die siebte Rauhnacht feierst oder denen du heute begegnest, wenn sie möchten, 1 Tropfen Neroliöl zum Dank und als Segen, indem du das Öl auf ihr Handgelenk träufelst.

* Räuchere dein Zuhause mit Salbei oder Kampfer, um es von alten Energien zu reinigen.

* Nimm ein Bad mit 2–3 Tropfen Neroliöl und 2 EL Meersalz, um alte Energien aus deinem Körper zu schwemmen.

Journal-Fragen
für die siebte Rauhnacht

* »Was ist mir besonders wichtig in meinem Leben, was ist für mich von größtem Wert?«

* »Was müsste ich tun, um meine Träume auf gar keinen Fall zu erreichen?« Wenn wir uns aus Angst vor Neuem wie gelähmt fühlen, kann es helfen, uns auszumalen, was wir tun müssten, damit unsere Ziele für uns unerreichbar bleiben. Dabei stellen wir häufig fest, dass sehr viel schieflaufen müsste und die Realisierung unserer Träume gar nicht so unwahrscheinlich ist wie gedacht.

* »Welche meiner Visionen sind bisher in Erfüllung gegangen, und welches Verhalten, welche Worte, Gedanken und Gefühle haben ihre Realisierung gefördert?«

* »Welchen ersten kleinen Schritt kann ich machen, um meine aktuelle Vision wahr werden zu lassen?«

* »Welche weiteren Schritte führen mich zur Verwirklichung meiner Vision?«

8. Rauhnacht

31. Dezember/1. Januar

Ätherische Öle: Myrrhe, Weihrauch & Limette

Thema: Neubeginn

Monat: August

Die achte Rauhnacht, der Neujahrstag, ist durchwoben von der Energie des Wachstums und dem Zauber des Neuen. Der ihr zugeordnete Monat August steht für Wärme, Freude und Zufriedenheit. In dieser Zeit wünschen wir anderen ein frohes neues Jahr und schenken ihnen unseren Segen, zum Beispiel in Form kleiner Glückssymbole. Vor allem jene Menschen, die uns besonders am Herzen liegen, sollen Glück und Zufriedenheit in der Zukunft erfahren.

Dabei sollten wir eines nicht vergessen: Auch uns selbst dürfen wir Liebe, Glück, Weisheit, Gesundheit und Tatkraft wünschen. Dadurch inspirieren wir andere, es uns gleichzutun, und kreieren somit gemeinsam ein kraftvolles Energiefeld, das uns optimistisch und freudig voranschreiten lässt.

Ein wohltuender und belebender Neubeginn erwartet uns. Wir dürfen ganz bewusst alles, was uns nicht mehr entspricht, hinter uns lassen und das in unser Leben einladen, was wir im Einklang mit unserer göttlichen Aufgabe auf Erden verwirklichen wollen.

Die heilsamen Kräfte von Myrrhe, Weihrauch und Limette begleiten uns auf diesem Weg.

Steckbriefe der Öle

MYRRHE: Myrrhe offenbart uns unser wahrhaftiges Wesen und unseren Seelenauftrag für dieses Leben. Sobald wir das Öl auf unsere Haut auftragen, wird die Produktion von Serotonin, einem Glückshormon, angeregt. Wir können Sorgen loslassen, uns entspannen, zu innerer Ruhe finden und uns wieder auf uns selbst besinnen. Diese Eigenschaften machen Myrrhe zu einem der wertvollsten Öle für geistige Tätigkeiten wie Meditation oder Ritualarbeit. Vor allem aber bringt Myrrhe unsere Gefühle in Einklang mit unserem Verstand, sodass es uns leichter fällt, uns zu zentrieren und zu fokussieren und somit das umzusetzen, was wir uns vorgenommen haben.

WEIHRAUCH: Zusätzlich zu der Wirkung des Weihrauchöls, die in der zweiten Rauhnacht (Steckbrief, siehe S. 72) beschrieben wurde, befreit Weihrauch uns von negativen Gefühlen und Gedanken. Fühlen wir uns gut und denken positiv, steht einem Neubeginn nichts mehr im Weg.

LIMETTE: Das ätherische Öl der Limette schenkt uns Lebensfreude und Frische. Wenn wir eine Prise Leichtigkeit brauchen, ist Limette immer eine gute Wahl. Auch bei der Anwendung anderer ätherischer Öle bietet sie sich als belebende Ergänzung an. Das Öl der Zitrusfrucht kann uralte Verhärtungen lösen – gerade, was Themen anbelangt, die mit unserem Herzen (Liebe, Vertrauen) und dem Solarplexus (Persönlichkeit, Selbstsicherheit, Gedanken) in Zusammenhang stehen. Auch verleiht uns die Limette ein sonniges Gemüt und schenkt uns den nötigen Schub, um Projekte voller Kreativität, Enthusiasmus und Tatkraft anzugehen.

Ritual: Lasse Altes gehen, und begrüße das Neue

Mit diesem Ritual kannst du alle Gefühle, Menschen, Situationen, Orte und Gegenstände, die dich belasten oder zurückhalten, hinter dir lassen, um das neue Jahr in Leichtigkeit und Sorglosigkeit zu beginnen.

Du brauchst:
- ätherische Öle: Myrrhe, Weihrauch und Limette
- mehrere kleine Zettel
- einen Stift
- eine Feuerstelle oder -schale
- Streichhölzer oder ein Feuerzeug

Nimm dir im Laufe dieser Rauhnacht Zeit, um Innenschau zu halten und dich erneut mit den Energien der Dunkelnächte zu befassen. Erlaube dir, noch einmal ganz bewusst auf das vergangene Jahr zurückzublicken, das jetzt seinen gebührenden Abschluss findet.

Gib 1–2 Tropfen Myrrhenöl auf eine Hand, und verreibe es zwischen deinen Handflächen. Lege deine Hände auf den Bereich deines Herzens, und atme einige Augenblicke lang den würzig-warmen Harzduft der Myrrhe tief und bewusst ein, der dir Entspannung und Leichtigkeit schenkt.

Lege dir die Zettel zurecht, auf denen du nun notierst, was du ganz bewusst im alten Jahr zurücklassen möchtest.

Damit du all das, was du dir notiert hast, in Liebe und Dankbarkeit gehen lassen kannst, schreibe dazu, wofür du diesen Gefühlen, Menschen, Situationen, Orten oder Gegenständen dankbar bist.

Nachdem du deine Zettel beschrieben hast, benetze sie mit 1–2 Tropfen Weihrauchöl, um sie mit der Kraft des Göttlichen zu weihen.

Verbrenne das Geschriebene an einer Feuerstelle oder in einer Feuerschale.

Nutze im Laufe des Tages die Frische und Leichtigkeit der Limette, um deine Schöpferkraft für die Umsetzung deiner Visionen zu erwecken und Fülle in dein Leben zu ziehen. Gib dafür 1–2 Tropfen in deinen Diffuser oder auf deine Handgelenke, oder verreibe das Öl zwischen deinen Handflächen und inhaliere sein Aroma.

Impulse für die achte Rauhnacht

* Notiere fünf Dinge, die du im neuen Jahr anders machen möchtest. Vielleicht hast du vor, abzunehmen, regelmäßig Geld für das zur Seite zu legen, was dir wirklich wichtig ist, oder ein neues Hobby aufzunehmen.

* Ziehe für jedes Ziel drei Orakelkarten, und stelle dir folgende Fragen:
  - »Was brauche ich für die Umsetzung meines Vorhabens?«
  - »Wie kann ich mein Ziel mit Leichtigkeit verwirklichen?«
  - »Welche Menschen können mich dabei unterstützen?«

* Trage heute immer wieder 1 Tropfen Weihrauchöl auf den Bereich deines Herzens auf, halte deine Hände mit zu deinem Körper gerichteten Handflächen davor, und segne das, was du bereit bist, zu empfangen.

* Tue heute etwas Neues, Außergewöhnliches, was du normalerweise nicht machen würdest, zum Beispiel ausgelassen tanzen, joggen gehen oder dich einfach nur mit ausgestreckten Armen um die eigene Achse drehen. Das beruhigt dein Nervensystem, und indem du mit deinen Gewohnheiten brichst, kann Wandlung leichter entstehen.

Journal-Fragen
für die achte Rauhnacht

* »Wenn ich mein zukünftiges Leben unter ein Motto stellen würde, wie würde es lauten?«

* »Wovon soll es bald mehr in meinem Leben geben?« Wünschst du dir vielleicht mehr Zeit, Kreativität oder Freude?

* Stelle dir vor, du hättest nur noch ein Jahr zu leben, und frage dich: »Was würde ich in dieser Zeit noch alles realisieren wollen?«

* »Wenn sich mein Leben so entwickelt, wie ich es mir vorstelle, wie sieht es dann in zehn Jahren aus? Wo wohne ich? Mit wem lebe ich zusammen? Wie verdiene ich mein Geld?«

* »Was würde passieren, wenn sich nichts verändern würde?«

9. Rauhnacht

1./2. Januar

Ätherische Öle: Zimt, Schwarzfichte & Orange

Themen: Segen & Fülle

Monat: September

Das neue Jahr ist geboren und mit ihm eine Zeit, in der noch alles vor uns liegt, was wir auf die Bühne des Lebens holen dürfen. Beginne es mit wärmenden, lichtvollen Gedanken und liebevoller Selbstfürsorge.

Die neunte Rauhnacht ist mit dem Monat September verwoben – der Zeit der Ernte und Fülle, in der wir die letzten goldenen Tage des Sommers erleben dürfen. Diese Rauhnacht ist somit auch gekennzeichnet durch den Übergang der sommerlichen Wärme und des Lichts in die kühler und dunkler werdende Jahreszeit des Herbstes.
Dieses Licht können wir in uns aufnehmen, um es für dunkle Zeiten aufzubewahren. Es erinnert uns daran, dass wir jederzeit in Fülle leben sowie heilsamen Segen empfangen und in die Welt aussenden dürfen. Das Licht, die Liebe und die Großzügigkeit des Lebens sind immer da und können jederzeit gefeiert werden.
Die Magie der ätherischen Öle Zimt, Schwarzfichte und Orange holt uns dieses Wissen immer wieder ins Bewusstsein.

Steckbriefe der Öle

ZIMT: Zimt gehörte einst zu den teuersten Gewürzen überhaupt, und auch heute steht das Öl, das aus der Zimtrinde gewonnen wird, für Wohlstand und Reichtum. Durch seine Frequenz kann es unser Bewusstsein für Fülle anheben. Darüber hinaus fördert es Intimität, Nähe und sexuelle Harmonie. Es wirkt allgemein stärkend, vor allem auf unser Immunsystem.
Achtung: Wende Zimtrindenöl immer nur mit einem Trägeröl verdünnt auf der Haut an, um Hautreizungen vorzubeugen.

SCHWARZFICHTE: Auch die Schwarzfichte besitzt die Schwingung von Wohlstand. Durch seine erdende und zugleich nach oben hin öffnende Energie kann das Öl ein Gefühl tiefster Verbundenheit mit Mutter Erde, Vater Himmel und Gott erzeugen. Es löst schädliche emotionale Muster auf, bringt uns wieder in Balance und wirkt allgemein schmerzlindernd.

ORANGE: Orange belebt den Geist und beruhigt in stressigen Situationen unsere Nerven. Das Öl kann uns innerlich aufrichten und unsere Fähigkeit stärken, dem natürlichen Flow des Lebens zu folgen. Es aktiviert das Gefühl von Fülle und schenkt uns die Erkenntnis, dass wir über unbegrenzte Möglichkeiten verfügen.

Tipp:
Zimt, Schwarzfichte und Orange erzeugen vereint nicht nur eine wunderbar winterliche und weihnachtliche Atmosphäre. All diese Öle sind auch sogenannte Reichtumsöle. Durch ihre Kombination werden wir unserer inneren Fülle gewahr, sodass wir diese im Außen manifestieren können.
Zudem besteht die Möglichkeit, während dieser Rauhnacht bzw. des dazugehörigen Monats die Reichtumsmischung anzuwenden. Neben den aufgeführten Ölen enthält sie Weihrauch, Patchouli, Nelke, Ingwer und Myrrhe.

Ritual: Segne das neue Jahr mit goldenem Licht

Indem wir in diesem Ritual unseren Segen in jeden Monat des neuen Jahres senden, legen wir den Grundstein für unsere glückliche Zukunft.

Du brauchst:
- ätherische Öle: Schwarzfichte, Orange und Zimt
- ein Trägeröl deiner Wahl
- ein Teelicht
- Streichhölzer oder ein Feuerzeug

Nimm dir ganz bewusst die Zeit und den Raum, das neue Jahr mit goldenem Licht zu segnen. Entzünde zunächst das Teelicht, und stelle es an einem sicheren Ort vor dir auf.

Trage 1–2 Tropfen Schwarzfichtenöl auf den Bereich deines Herzens auf, und sprich dabei folgende Segensworte:
»Möge mich die Pflanzenseele der Schwarzfichte aufrichten und mich stets meinen wahrhaftigen Weg erkennen lassen.«

Trage nun 1–2 Tropfen Orangenöl auf dieselbe Stelle auf, und sprich währenddessen folgende Segensworte:
»Möge die Pflanzenseele der Orange mich mit Inspiration und Fülle durchfluten, sodass mein inneres Licht erstrahlen kann.«

Verdünne 1 Tropfen Zimtöl mit einem Trägeröl, und trage die Mischung ebenfalls auf diese Stelle auf. Sprich dabei folgende Segensworte: »Möge mich die Pflanzenseele des Zimts auf meinen Wegen stärken und mich meinem inneren Wesen nahe bringen.«

Blicke nun in die Flamme des Teelichts, und stelle dir vor, wie sie das Feuer in deinem Herzen entfacht. Spüre die Wärme und die Liebe des Feuers in dir.

Teile dieses Feuer nun in deiner Vorstellung in dreizehn Flammen auf, und sende zwölf von ihnen über die Zeitlinien in jeden Monat des neuen Jahres. Lasse goldenes Licht und Segen in alle Situationen, die du erleben, zu allen Menschen, denen du begegnen, in alle Erfahrungen, die du machen, und an alle Orte, die du aufsuchen willst,
fließen.

Die letzte Flamme verbleibt in dir und erinnert dich stets daran, dass du selbst das Licht bist, das in deiner Welt von größter Bedeutung ist.

Impulse für die neunte Rauhnacht

* Stärke deine innere Mitte mit Zimt, indem du 1 Tropfen des Öls mit einem Trägeröl deiner Wahl verdünnst, die Mischung in deinen Handflächen verreibst und deinen Bauch mit leichtem Druck massierst, um dort festsitzende Emotionen zu lösen.

* Segne heute einmal ganz bewusst alles, was dir begegnet, ob Menschen, deine Nahrung, Gegenstände oder Situationen – dies zieht immer mehr von dem in dein Leben, was du dir wünschst.

* Gib am Morgen 1–2 Tropfen Orangenöl in eine Hand, und aktiviere es, indem du es zwischen deinen Handflächen verreibst. Sprich dabei folgende Intention: »Möge alles, was ich heute berühre, von Segen und Leichtigkeit erfüllt sein.«

* Trage heute eine Reichtumsmischung bei dir, und gib im Laufe des Tages immer wieder 1–2 Tropfen auf die Stelle deines Körpers, an der sich die Anwendung für dich gerade stimmig anfühlt. Nutze zu Hause dieses Öl für den Diffuser.

* Hegst du im Bezug auf Reichtum und Fülle negative Gedanken, wird es dir schwerfallen, das in dein Leben zu ziehen, was du dir wünschst. Achte deshalb darauf, was du denkst und fühlst, und richte deine Gedanken gegebenenfalls neu aus.

Journal-Fragen
für die neunte Rauhnacht

* »Was bedeutet es für mich, in Fülle zu leben? Was ist für mich wahrer Reichtum?« Male einige Münzen in dein Journal, und notiere in jede Münze einen Aspekt, den du mit Fülle und Reichtum verbindest.

* »Wenn mein Leben bereits von Fülle und Reichtum erfüllt wäre, wie sähe es dann aus?«

* Fülle und Reichtum im Außen sind ein Spiegel deiner Gedanken und Gefühle. Daher frage dich: »Welche Gefühle halten mich noch davon ab, Fülle zu erfahren? Mit welchen Gedanken kann ich Reichtum in mein Leben ziehen?«

* »Was bedeutet Segen für mich? Wie wirkt er sich auf mich und mein Leben aus?« Verfasse einen Segenstext für dich selbst. Nutze diesen immer wieder, um dich mit Segen zu erfüllen.

* »Auf welche Weise möchte ich andere Menschen segnen?« Das kann persönlich, in Gedanken oder vielleicht auch mit einem segensvollen Brief geschehen.

10. Rauhnacht

2./3. Januar

Ätherische Öle: Blaufichte & Goldrute

Themen: Visionen & Verbindung mit der Einheit

Monat: Oktober

Die zehnte Rauhnacht ist mit dem Monat Oktober verbunden. Der Sommer ist zu Ende, und mit dem Herbst richten sich die zuvor nach außen gerichteten Energien allmählich wieder nach innen. Astrologisch steht diese Zeit im Zeichen der Waage (24.09.–23.10.), deren Qualitäten Harmonie, Ausgleich und Gerechtigkeit sind.

Alles im Universum strebt nach Balance. So ist es heute auch für dich von Bedeutung, dich zu fragen, ob sich dein Leben im Gleichgewicht befindet. Prüfe, ob du deine Energie gleichermaßen nach außen und nach innen, nach oben und nach unten richtest und ob du sowohl deine Yin- als auch deine Yang-Anteile lebst. Nimmst du dir genügend Zeit für dich, um deiner inneren Stimme zu lauschen, oder investierst du deine ganze Kraft in die Familie, deine Freunde oder den Job? Oder verbringst du vielleicht so viel Zeit in geistigen Sphären, dass dir die irdische Realität fremd geworden ist und du auf der Erde nicht mehr dein wahres Licht leuchten lassen kannst? Bist du möglicherweise zu aktiv oder zu passiv, bist du also ständig unterwegs, oder lebst du sehr zurückgezogen?

Die Schwingung dieser Rauhnacht unterstützt Eingebungen, Visionen und die Verbindung mit dem Göttlichen. Sie lädt dich ein, deine Visionen und damit dich selbst zu verwirklichen. Dazu ist es von immenser Bedeutung, zurück in die ursprüngliche Harmonie zu finden und so zu erkennen, was dich im Kern ausmacht. Die ätherischen Öle Goldrute und Blaufichte stehen dir dabei zur Seite.

Steckbriefe der Öle

GOLDRUTE: Im Mittelalter wurde die Goldrute als Wünschelrute und als Schutz vor dem bösen Blick verwendet. Ihr Öl unterstützt den Bereich des Solarplexus und regt unser inneres Feuer an. Damit hilft es uns bei der Stärkung unserer eigenen Identität und der Verwirklichung unserer Visionen.

Tipp:

Neben dem nach Honig duftendem Öl der Goldrute können wir auch ihr Kraut zum Räuchern verwenden. Bereits die Germanen nutzten ihren Rauch, um negative Energien aus Räumen zu entfernen. Zudem vertreibt er Selbstzweifel und stärkt das Selbstwertgefühl und das Selbstbewusstsein. Gib das Kraut der Goldrute zum Beispiel mit etwas Weihrauch und/oder Bernstein in ein Räuchergefäß, und räuchere alle Ecken deines Zuhauses aus. Du wirst die wohltuende Schwingung danach sehr genießen.

BLAUFICHTE: Blaufichte wirkt äußerst klärend auf unser Energie- und Chakrasystem, begünstigt die spirituelle Aufrichtung und die Aufrichtigkeit uns selbst und anderen gegenüber. Das Öl zählt zu den am höchsten schwingenden Ölen auf der Erde und kann somit auch unsere eigene Schwingungsfrequenz anheben und uns dabei unterstützen, aus unserem wahren Selbst heraus zu manifestieren. Zudem kann die Blaufichte uns dabei helfen, die Spuren eines Schocks aus unserem Körper zu lösen und uns von altem emotionalen Ballast zu befreien.

Ritual: Begegne deinem zukünftigen Ich

Manchmal fehlt uns der Wegweiser, das Licht, das uns in unsere ideale Zukunft führt. Ohne ein klares Ziel vor Augen bleiben unsere Träume diffus und lassen sich somit auch nicht realisieren. Ziel dieser inneren Reise ist es, deine eigenen Visionen deutlich zu erkennen und aus ihnen deine Realität zu kreieren.

Du brauchst:
* ätherische Öle: Blaufichte und Goldrute
* einen Stuhl

Begib dich in einen Raum, in dem du ungestört bist, und setze dich auf einen Stuhl. Bevor du die Meditation beginnst, gib 1–2 Tropfen Blaufichtenöl in eine Hand, und nimm es mit dem Zeige- und dem Mittelfinger deiner anderen Hand auf, indem du es verreibst. Trage das Öl mit diesen Fingern auf den Bereich deines Herzens und auf deinen Scheitel auf.

Schließe deine Augen, nimm einen tiefen Atemzug, spüre deinen Körper, und komme ganz im gegenwärtigen Moment an. Richte deine Konzentration auf deinen Atem, und erzeuge dadurch eine heilige Kraft in deinem Körper und in deiner Aura. Jeder Atemzug führt dich in eine noch wohlwollendere Haltung dir selbst gegenüber. Nimm wahr, wie dein Nacken und deine Schultern sich entspannen, ebenso deine Wirbelsäule, die dennoch gerade und aufgerichtet bleibt. Lasse deine Arme locker seitlich am Körper herabhängen oder auf deinen Oberschenkeln ruhen. Neige dein Kinn leicht in Richtung Brust.

Nimm ganz bewusst wahr, wie der Atem durch deine Nase bis in deinen Bauch strömt und von dort aus wieder durch deine Nase in die äußere Welt fließt. Lasse beim Ausatmen alles Schwere los.

Entspanne dich nun noch tiefer in deinen Körper und in diesen einzigartigen und kostbaren Moment hinein. Nähere dich mit jedem Atemzug deinem inneren Seelen- und Schöpfungsraum, in den du nun vollkommen eintauchen kannst.

Stelle dir vor, wie du an dem inneren Ort deiner Kraft ankommst. Das kann ein Ort sein, den du bereits kennst, oder einer, der sich dir jetzt zum ersten Mal zeigt. Hier ist es wunderschön, und du kannst dich ausruhen, ganz bei dir ankommen und Kraft tanken.

Am Ort deiner Kraft befindet sich ein Platz, wo Raum und Zeit miteinander verschmelzen, die Zeitachsen sich aufheben und du alles erleben kannst, was ist, was war und was sein wird.

Betritt nun diesen Platz, und schaue dich um. Was kannst du erkennen? Welche Düfte, Farben, Formen und Geräusche nimmst du wahr? Welche Gefühle steigen in dir auf?

Während du all diese Eindrücke auf dich wirken lässt, entdeckst du in der Ferne eine Brücke, die dich zu deinem zukünftigen Ich, einer alten weisen Frau oder einem alten weisen Mann, führt. Gehe zu dieser Brücke hin, und bleibe vor ihr stehen.

Sei dir bewusst, dass du, sobald du diese Brücke überquert hast, deinem zukünftigen Ich begegnen wirst. Du wirst erkennen, welche Zukunft dich erwartet. Doch dies kann nur geschehen, wenn du bereit bist, die Wunden der Vergangenheit, die Angst vor dem, was kommt, sowie all das hinter dir zu lassen, was dich festhält. Bist du bereit, deinem zukünftigen Ich zu begegnen?

Wenn du den Impuls hast, setze einen Fuß auf die Brücke, und spüre, wie du die Gegenwart hinter dir lässt. Lasse mit jedem Schritt immer mehr Vorstellungen davon los, was du zu sein glaubst, deine Erwartungen und Anforderungen an dich. Wenn du alle Glaubensmuster hinter dir gelassen hast, komme mit dem nächsten Schritt in den inneren Zustand des Nichtwissens, aus dem heraus du die Erfahrung des Menschseins ganz neu machen kannst, so, als wärst du neu geboren. Vertraue, und lasse dich führen, alles ist gut.

Schließlich kommst du am anderen Ende der Brücke an, in einer für dich vollkommen neuen Welt. Und du siehst, wie dein zukünftiges Ich sich dir nähert.

Betrachte dein zukünftiges Ich, die alte weise Frau oder den alten weisen Mann. Wie sieht er oder sie aus? Wie fühlt sich eure Begegnung an? Wisse, dass dein Gegenüber all das erlebt hat, was noch vor dir liegt, und es all das verwirklicht hat, was in dir als Potenzial angelegt ist und was du dir erträumst.

Du kannst nun dein zukünftiges Ich fragen, wie sich dein Leben verändern wird. Wie wirst du die Liebe zum Leben und zu dir selbst leben? Wie wirst du deine Partnerschaft führen? Wie wird es um deine Finanzen stehen? Wie wird es dir gelingen, in Fülle zu leben? Wie wird es um deine Karriere stehen? Welche Schritte werden notwendig sein, um all das zu erreichen? Was wirst du hinter dir lassen müssen? Wie wirst du es schaffen, dich selbst zu verwirklichen? Was hat dir geholfen, deine Spiritualität zu leben und dem großen Ganzen zu dienen?

Stelle alle Fragen, die dir in den Sinn kommen und die dir wichtig sind, und gehe in die innerliche Haltung des Empfangens. Erlaube deinem zukünftigen Ich, seine Antworten in Form von Worten, Gefühlen und Bildern in deinen Körper, deinen Geist und deine Seele einfließen zu lassen – jetzt. All die Informationen strömen in dich ein und durchdringen dich von der kleinsten Zelle bis auf die höchste geistige Ebene. Sie aktivieren deine Uressenz, das Wesen, das du in Wahrheit bist. Vertraue dem Prozess.

All die Weisheit, das Licht und die Liebe stellen eine enge Bindung und Vernetzung mit deiner Zukunft her, die in diesem Augenblick beginnt. Öffne dich. Mache dich weit. Nimm auf.

Irgendwann spürst du: Es ist vollbracht. Wende dich deinem zukünftigen Ich noch ein letztes Mal zu, und frage es, ob es noch etwas gibt, was du wissen musst. Vielleicht hat es auch ein Geschenk oder ein Symbol, das dich auf deinem Weg begleiten soll.

Dann verabschiede dich dankend von deinem zukünftigen Ich, deiner Mentorin oder deinem Mentor. Wende dich wieder der Brücke zu, die du nun voller Vertrauen, Mut, Tatkraft und Liebe betreten und überqueren kannst.

Gehe Schritt für Schritt und ganz in deinem Tempo zurück zu dem Ort deiner Kraft. Erlaube dir, dich hier auszuruhen, durchzuatmen und einfach nur zu sein, während sich das, was du gehört, gesehen und gefühlt hast, in deine Wirklichkeit integriert.

Wenn du so weit bist, komme allmählich in den Raum zurück, in dem du dich befindest. Bewege deine Finger und Zehen, dann deine Arme und Beine und schließlich deinen ganzen Körper. Öffne deine Augen, und sei wieder ganz im Hier und Jetzt.

Spüre noch einmal in dich hinein, und lasse die Bilder und Gefühle, die du in dem Gespräch mit deinem zukünftigen Ich empfangen hast, wieder in dir aufsteigen. Verankere sie in dir, indem du 1–2 Tropfen Goldrute auf die Stelle deines Körpers aufträgst, an der es sich für dich richtig anfühlt. Du kannst das Öl jedes Mal verwenden, wenn du dich mit der Umsetzung deiner Visionen beschäftigst.

Impulse für die zehnte Rauhnacht

* Ziehe heute jeweils drei Orakelkarten aus unterschiedlichen Kartensets, zum Beispiel einem Krafttier-, einem Mond- und einem Engelorakel. Frage die unterschiedlichen Kräfte, wie sie dich bei der Umsetzung deiner Visionen unterstützen können.

* Male deine Visionen in bunten Farben auf. Je mehr Aufmerksamkeit du ihnen schenkst, desto konkreter werden sie.

* Nutze heute das Öl der Blaufichte, um dich positiv auf die Zukunft auszurichten. Gib dazu 2 Tropfen auf jede Hand, führe deine linke Hand an deine Stirn, die rechte an dein Herz, und trage das Öl dort auf. Auf diese Weise stellst du die Balance zwischen Kopf und Herz her.

* Mache einen achtsamen Spaziergang in der Natur mit der Intention, Botschaften für die Verwirklichung deiner Vision zu empfangen. Achte genau auf die Zeichen, die sich dir offenbaren.

* Um dich tief mit deiner Vision zu verbinden, gib 1–2 Tropfen Goldrutenöl in eine Hand, verreibe es zwischen deinen Handflächen, und trage es ganz intuitiv auf einen Bereich deines Körpers auf. Begib dich dann in Meditation, tauche geistig in deine Vision ein, und nimm wahr, wie sich das anfühlt.

Journal-Fragen
für die zehnte Rauhnacht

* Teile dein Leben in Lebensbereiche wie »Karriere«, »Beziehungen«, »Freundschaften«, »Reisen« und »Finanzen« auf. Frage dich für jeden Bereich: »Welche Visionen trage ich in meinem Herzen?«

* »Wie und womit könnte ich diese Visionen zum Erblühen bringen?« Brainstorme, ohne dich selbst zu zensieren, und erstelle dazu eine Liste.

* »Welche inspirierenden Zitate können mich bei der Umsetzung meiner Visionen unterstützen?« Notiere sie in deinem Journal, und ergänze dein Visionboard mit ihnen. Alternativ kannst du sie auch auf einzelne Zettel schreiben und diese überall dort in deinem Zuhause platzieren, wo dein Blick möglichst oft auf sie fällt.

* Stelle dir dein zukünftiges Leben als Film vor, und frage dich: »Welchen Titel trägt mein ganz persönlicher Lebensfilm?« Schreibe diesen als Überschrift auf dein Visionboard.

* »Wie werde ich mich am Ende des Jahres fühlen, wenn ich meine Visionen vollständig lebe?«

11. Rauhnacht

3./4. Januar

Ätherische Öle: Angelica & Loslassenmischung

Themen: Loslassen & Abschied

Monat: November

Wenn ein Lebensabschnitt, eine Freundschaft oder eine Beziehung zu Ende geht, empfinden wir oft Angst, Trauer oder Unsicherheit. Dabei bieten solche Situationen meist die wunderbare Möglichkeit für einen Neuanfang. In der elften und vorletzten Rauhnacht geht es um Abschied, Loslassen und somit auch die Gelegenheit zur Transformation.

Die Zahl Elf steht für das Tor, das wir durchschreiten dürfen, um in eine neue Wirklichkeit zu gelangen. Die Zahl Eins gilt als männliche Zahl. Durch ihre Dopplung in der Elf, die in der Quersumme zwei ergibt, wandelt sie sich in eine weibliche Zahl. Aus Männlich und Weiblich will immer eine neue Form, etwas Drittes, entstehen. So kannst du dich heute fragen, welches Neue sich durch dich in diesem Jahr ausdrücken will. Was möchtest du in die Welt bringen?

So ist dieser Tag, der dem Monat November zugeordnet ist, auch immer gut dafür geeignet, sich mit der Sinnhaftigkeit und den wichtigen Fragen des Lebens zu beschäftigen: »Wozu bin ich hier? Was ist meine einzigartige Aufgabe?«
Bei der Suche nach den Antworten auf diese Fragen unterstützen uns das vertrauenerweckende ätherische Öl Angelica und die Loslassenmischung.

Steckbriefe der Öle

ANGELICA: Die Angelikawurzel, in deren botanischem Namen »Angelica archangelica« bereits das Wort »Erzengel« enthalten ist, verbindet uns mit der Welt der Engel und Erzengel. Sie schenkt uns eine wahrhaft lichtvolle Aura und Frieden im Geiste. Wenn wir uns jeden Morgen 1–2 Tropfen ihres Öls mit den Händen in die Aura streichen, fördert es unser Bewusstsein, stets von himmlischen Kräften geführt und beschützt zu werden. Angelica vertreibt die Dunkelheit aus unseren Gedanken und Visionen, sodass wir dem Leben wieder vertrauen können.

LOSLASSENMISCHUNG: Diese Mischung besteht aus den ätherischen Ölen Ylang-Ylang, Geranie, Blauer Rainfarn, Lavandin und Sandelholz. Diese wundervolle Kombination kann uns den Prozess des Loslassens ganzheitlich erleichtern. Oft setzen sich zum Beispiel negative Gefühle in unserer Leber ab und belasten diese und unser gesamtes System. Mit der Loslassenmischung unterstützen wir die Verarbeitung von belastenden Erinnerungen und sorgen so auf geistiger und körperlicher Ebene für Klärung.

Ritual: Schüttle ab, was dich lähmt

Wir schaffen Raum für Neues, indem wir Altes loslassen.

Immer dann, wenn unangenehme Dinge passieren, wir von negativen Gefühlen überrollt werden oder uns vor Veränderungen fürchten, eröffnet uns dieses Ritual einen Raum, der es uns ermöglicht, diese Begebenheiten aus unserem System zu lösen.

Du brauchst:
- ätherische Öle: Angelica, Loslassenmischung und Weihrauch (nach Belieben)
- einen Diffuser
- ein Blatt Papier
- einen Stift
- rhythmische Musik

Begib dich in einen Raum, in dem du ungestört bist. Gib 1–2 Tropfen Angelicaöl in den Diffuser, um dich mit den feinstofflichen Ebenen zu verbinden. Wenn du möchtest, trage entlang deiner Chakras – des Kronenchakras, den Stirnchakras, des Kehlchakras, des Herzchakras, des Solarplexuschakras, des Sakralchakras und des Wurzelchakras – 1–2 Tropfen Weihrauchöl auf, um dich auf folgenden Prozess leichter einzustimmen.

Beantworte nun folgende Fragen, und achte darauf, welche Gefühle dabei in dir aufsteigen:
- »Welche Gefühle haben mich bis zu diesem Moment gelähmt?«
- »Wovor habe ich die meiste Angst, und warum?«
- »Welche Situationen wiederholen sich immer wieder?«
- »An welchen Situationen, Beziehungen oder Themen halte ich fest, obwohl sie mir nicht mehr dienen, und weshalb?«
- »Welche alte Identität erhalte ich aufrecht?«
- »Welche Gegenstände horte ich? Was geben mir diese Dinge? Was erhoffe ich mir von ihnen?«

Lasse kraftvolle, rhythmische (Trommel-)Musik abspielen. Trage 1–2 Tropfen der Loslassenmischung auf eine Handfläche auf, und nimm das Öl mit dem Zeige- und dem Mittelfinger der anderen Hand auf, indem du es sanft verreibst. Trage das Öl in kreisenden Bewegungen auf den Bereich deiner Leber auf – jenes Organs, in dem alte Emotionen, Verletzungen und hinderliche Muster gespeichert werden. Verreibe das Öl bewusst und langsam, und lasse währenddessen noch einmal die Gefühle in dir aufsteigen, die die zuvor gestellten Fragen in dir ausgelöst haben.

Fühle, wie die Pflanzenseelen dich dabei unterstützen, dich von dem, was dich belastet und von dir losgelassen werden sollte, endgültig zu verabschieden – so, als würdest du zeremoniell den Tod dessen feiern, was einst gewesen ist. Gehe tief in dein eigenes Empfinden hinein. Wenn dir Tränen kommen, lasse sie fließen. Wenn dir nach Schreien zumute ist, mache deiner Wut Luft. Wenn du trampeln und aufstampfen willst, schaffe dir den Raum dafür. Du kannst deine Erfahrung vertiefen, indem du tiefer und schneller atmest, dich schüttelst oder wild tanzt. Je intensiver du das alles auf körperlicher und geistiger Ebene loslässt, desto mehr kann sich von dem, was du seit geraumer Zeit mit dir herumschleppst und dich beschwert, von dir ablösen.

Nimm nach diesem Prozess am besten eine Dusche oder ein Bad, und trinke ausreichend Wasser, um das, was du soeben gefühlt hast, innerlich und äußerlich vollständig fortzuspülen.

Impulse für die elfte Rauhnacht

* Ziehe heute Orakelkarten deiner Wahl zu den Fragen:
  * »Was macht mich wirklich aus?«
  * »Wozu bin ich hier auf Erden, was hat sich meine Seele für dieses Leben vorgenommen?«

* Kläre deine Aura von nun an jeden Morgen, um dir des Engelwesens, das dir innewohnt, bewusst zu werden. Gib dafür 1–2 Tropfen Angelicaöl in eine Hand, verreibe es zwischen deinen Handflächen, und fächele es in deine Aura.

* Räuchere heute bewusst deine Räume samt deiner Möbel mit Kampfer, um sie von alten Energien zu befreien.

* Wenn du möchtest, nimm heute ein Fußbad mit 2–3 Tropfen Angelicaöl. Stelle dir dabei vor, wie sich deine Fußchakras öffnen und alles, was du nicht mehr brauchst, über sie abfließt.

* In der heutigen Rauhnacht kannst du dich besonders leicht mit deinen Ahnen verbinden. Trage zum Beispiel Schmuck, den du mit ihnen verbindest, oder stelle Bilder von ihnen auf, und schwelge in Erinnerungen. Lasse Dankbarkeit in diese fließen.

Journal-Fragen
für die elfte Rauhnacht

* »Was bedeutet es für mich, Verlust zu erfahren?«

* Blicke auf Situationen zurück, in denen du etwas oder jemanden verloren hast. Frage dich: »Welches Geschenk, das mit diesem Verlust einherging, erkenne ich aus heutiger Sicht als solches?«

* »Welche weiteren Geschenke kann ich erhalten, wenn ich mich von Altem verabschiede?«

* Richte deinen Blick auf das vergangene Jahr, und frage dich: »Welche Gedanken, Gefühle und Emotionen konnte ich bereits im vergangenen Jahr loslassen? Welche trage ich noch in mir?«

* »Was für ein Mensch werde ich sein, wenn ich alles hinter mir lasse, was ich nicht mehr bin?«

12. Rauhnacht

4./5. Januar

Ätherische Öle: Heiliger Weihrauch, Ysop & Schwarzfichte

Themen: Wunder & Klarheit

Monat: Dezember

Die zwölfte Rauhnacht gilt wie der »Tag der unschuldigen Kinder« als Wandeltag, an dem wir bereinigen können, was in den letzten Rauhnächten möglicherweise nicht nach unseren Vorstellungen gelaufen ist.

Diese Nacht kommt einer Wiedergeburt gleich, denn wir erwachen in ein völlig neues Bewusstsein hinein. Das Licht der Klarheit leuchtet in uns auf, auf dass wir dieses für uns nutzen mögen. Die zwölfte Rauhnacht ist dem dunkelsten Monat des Jahres, dem Dezember, zugeordnet. In dieser Zeit, am 21. Dezember, findet die Wintersonnenwende statt, die einen Wendepunkt markiert: die Rückkehr des Lichts. Die magischen Kräfte der ätherischen Öle Heiliger Weihrauch, Ysop und Schwarzfichte geleiten uns durch diesen Abschnitt.

Steckbriefe der Öle

HEILIGER WEIHRAUCH: Bereits in der Antike war Weihrauch als Pflanze bekannt, die den Duft der Götter verströmt und den Menschen Momente der Heiligkeit und des tiefen inneren Friedens schenkt. Besonders die Sorte »Boswellia sacra«, die als »Heiliger Weihrauch« bezeichnet wird, wurde im alten Ägypten für Zeremonien genutzt, um sich mit den Göttern zu verbinden. Außerordentlich kraftvoll wirkt das aus dem Heiligen Weihrauch gewonnene Öl in der Chakrareinigung sowie bei der Öffnung geistig-spiritueller Sinne. Außerdem können wir damit das weihen, was für uns von Bedeutung ist, vor allem Ritualgegenstände.

YSOP: Diese Staude ist der Inbegriff von Reinheit und Klarheit. Schon früher wurde ihr Kraut verräuchert, um Orte, an denen Meditation und Gebet in Form von Heilzeremonien praktiziert wurden, zu reinigen. Das ätherische Öl soll von Sünde befreien und das Energiefeld eines Menschen, aber auch von Räumen, Gegenständen etc. reinigen. Somit ist Ysop ein Öl, das besonders in Zeiten von Ungewissheit wieder zu einem klaren Bewusstsein führt und uns ein Türöffner für die Wahrnehmung unserer eigenen Energie sein kann.

SCHWARZFICHTE: Das wunderbare Aroma der Schwarzfichte verbindet uns zugleich mit dem Himmel und der Erde und trägt uns durch die rauen Zeiten des Lebens. Die Bäume wachsen vor allem in Kanada und Alaska und nehmen die Energie der dort häufig auftretenden Nordlichter auf. Da sie auch in dem ätherischen Öl enthalten ist, können wir uns durch dieses mit der Geistigen Welt und dem Universum verbinden. Menschen, die sich nach Heimat und Verbundenheit sehnen, kann die Schwarzfichte ein wertvoller Begleiter sein, indem sie sie dabei unterstützt, die eigene irdische Existenz anzunehmen. Das Öl der Schwarzfichte wurde bereits in der neunten Rauhnacht verwendet (Steckbrief, siehe S. 130) und steht uns auch hier als wertvoller Begleiter zur Seite.

Ritual: Reflektiere über die vergangenen Rauhnächte

Mit diesem Ritual blicken wir auf die vergangenen Rauhnächte zurück und reflektieren, wie wir sie erlebt und was sie bereits in uns und unserem Leben bewirkt haben.

Du brauchst:
- dein Journal
- einen Stift

Beantworte folgende Fragen in deinem Journal:
- »Wie habe ich mich während der vergangenen elf Rauhnächte gefühlt?«
- »Was hat sich schon jetzt verändert?« Bemerkst du neue Gedanken, Gefühle oder Veränderungen im Außen?
- »Welche Rituale aus den vergangenen Nächten will ich von nun an regelmäßig für mich nutzen?«
- »Was gilt es möglicherweise noch zu lösen oder zu bereinigen?«
- »Welchen neuen Weg werde ich in diesem Jahr einschlagen?«

Ritual: Halte deine königliche Zeremonie ab

Ziehe dich am Abend der heutigen und letzten Rauhnacht an einen ruhigen und gemütlichen Ort zurück, und nähre deinen Körper, deinen Geist und deine Seele mit einem wohltuenden Ritual der Selbstfürsorge.

Du brauchst:
- ätherische Öle: Heiliger Weihrauch, Ysop und Schwarzfichte
- etwas Trägeröl
- eine Badewanne oder Schüssel für ein Fußbad
- Meersalz
- Blüten (nach Belieben)
- Kerzen (nach Belieben)
- dein Journal
- einen Stift

Vermische 3–4 Tropfen Heiligen Weihrauch mit so viel Trägeröl, dass du dich damit von Kopf bis Fuß salben kannst. Verteile das Öl nun an deinem Kopf beginnend bis zu deinen Füßen. Streiche es dabei in fließenden Bewegungen auf deinen Körper und in kreisenden Bewegungen um deine Gelenke. Wichtig ist, dass du dich und deinen Körper währenddessen gut wahrnimmst und ganz im Augenblick bist. Der Heilige Weihrauch unterstützt dich darin, deinen Körper und deinen Geist mit Licht und tiefster, erholsamer Ruhe aufzutanken.

Lasse dir nach der Salbung ein warmes Bad ein. Gib etwas reinigendes Meersalz und, wenn du möchtest, ein paar Blüten in das Wasser. Sorge für eine wohlige Atmosphäre, indem du zum Beispiel ein paar Kerzen anzündest. Durch das warme Wasser werden deine Poren geöffnet, und das Öl kann leichter in deine Haut einziehen.

Solltest du keine Badewanne zur Verfügung haben, dusche stattdessen, ohne Seife oder Duschgel zu benutzen. Verwende stattdessen Meersalz für ein Peeling, indem du es mit sanft kreisenden Bewegungen auf deinem Körper aufträgst und danach abwäschst. Danach kannst du dir ein entspannendes Fußbad mit Meersalz, 2–3 Tropfen Heiligem Weihrauch und eventuell auch Blüten gönnen.

Nutze das (Fuß-)Bad, um die vergangenen Tage noch einmal Revue passieren zu lassen. Welche Rauhnächte sind dir besonders in Erinnerung geblieben? An welchen Tagen hat vielleicht nicht alles so geklappt, wie du es dir vorgestellt hattest? Lasse all die Ereignisse, in denen nicht alles deinen Wünschen entsprechend verlaufen ist, wie einen Film in deinem Geist ablaufen, und gib den betroffenen Szenen einen neuen Verlauf. Bleibe dabei entspannt und fokussiert. Lasse Dankbarkeit dafür in dir aufsteigen, dass du die Kraft und die Gabe besitzt, deine Wirklichkeit selbst zu formen und nach deinen Bedürfnissen zu kreieren.

Trockne deinen Körper bzw. deine Füße nach dem Bad sanft ab. Öffne anschließend das Fläschchen Ysop, und rieche daran. Spüre dabei in deinen Körper hinein. An welchen Stellen geht der Duft mit deinem Körper in Resonanz? Trage dort das kostbare Öl in kreisenden Bewegungen mit folgender Intention auf: »Möge ich mich geklärt und rein von allem befreien, was mein Bewusstsein nicht erfassen kann. Möge ich klar, strahlend und leuchtend stets meinen Weg erkennen und gehen. Möge ich mich in allen Situationen, die mein Herz beschweren, an die Kraft der Klarheit erinnern.«

Erde dich mit dem Öl der Schwarzfichte, indem du 1–2 Tropfen davon auf deine Füße aufträgst und, wenn du möchtest, auch auf den höchsten Punkt deines Kopfes.

Wenn es dir möglich ist, lasse den Abend in Ruhe ausklingen. Trinke noch ein Glas Wasser oder Tee, notiere deine Eindrücke und Empfindungen in deinem Journal, und gehe dann zu Bett.

Impulse für die zwölfte Rauhnacht

* Gib am Morgen 1 Tropfen des ätherischen Öls der Schwarzfichte in eine Hand, und nimm es mit dem Zeige- und dem Mittelfinger deiner anderen Hand auf, indem du es verreibst. Trage das Öl mit diesen Fingern am höchsten Punkt deines Kopfes auf, und stelle dir dabei vor, wie die Pflanzenseele deinen Körper erdet und deinen Geist mit den höheren Sphären verbindet.

* Räuchere dein Zuhause mit Weihrauch, und öffne danach alle Fenster und Türen, damit der Geist des Neuen in dein Heim einkehren kann.

* Gib heute 3–5 Tropfen Heiligen Weihrauch in einen Diffuser, oder trage 1–2 Tropfen des ätherischen Öls auf deinen Handgelenken auf, um dir deiner Göttlichkeit bewusst zu werden.

* Öffne deinen Geist für die Wahrnehmung der ganz alltäglichen Wunder, indem du bewusst in der Natur spazieren gehst und die Umgebung durch die Augen eines staunenden Kindes betrachtest. Entdeckst du die Wunder, die dich bereits umgeben, wird dein Leben immer wundervoller.

* Überlege vor dem Schlafengehen, welche Wunder du heute erleben durftest.

Journal-Fragen
für die zwölfte Rauhnacht

* Gehe in dich, und frage dich: »Welche Wunder bin ich bereit zu empfangen?«

* »Wie würde sich mein Leben verändern, wenn Wunder ein fester Bestandteil davon wären?«

* »Was kann ich tun, um zu einem Magneten für wunderbare Ereignisse und magische Momente zu werden?«

* Stelle dir vor, während du schläfst, geschieht ein Wunder. Dieses löst das Problem, das dich im vergangenen Jahr am meisten beschäftigt hat. Frage dich: »Woran würde ich bemerken, dass das Wunder geschehen und mein Problem gelöst ist?«

* Erinnere dich an eine Lebenssituation, in der du im Dunkeln getappt bist, und frage dich: »Was hat mir dabei geholfen, Klarheit zu erlangen?«

Heilige Drei Könige

5./6. Januar

Ätherische Öle: Weihrauch, Myrrhe & Idaho Grand Fir

Themen: Rückblick & Reflexion

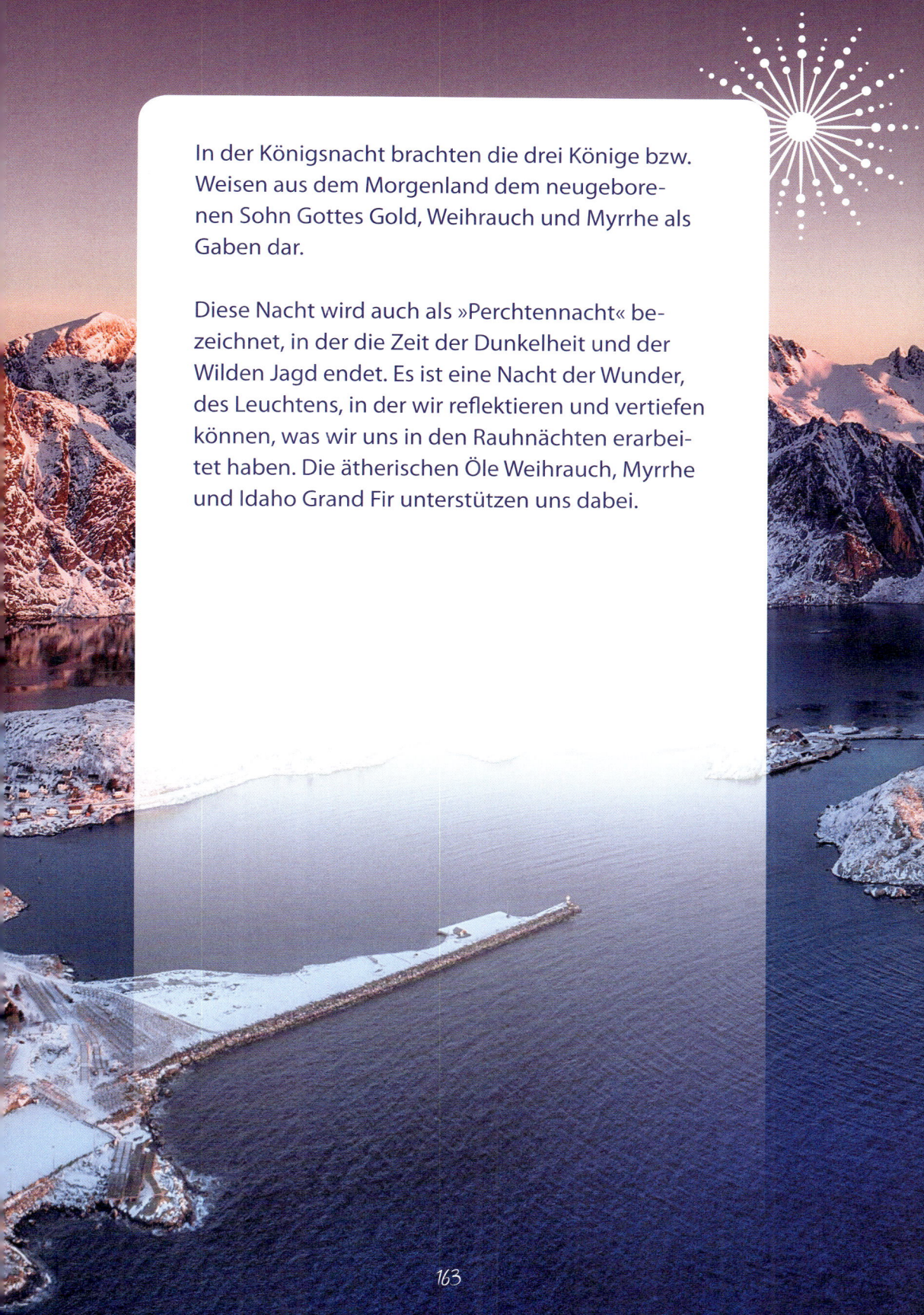

In der Königsnacht brachten die drei Könige bzw. Weisen aus dem Morgenland dem neugeborenen Sohn Gottes Gold, Weihrauch und Myrrhe als Gaben dar.

Diese Nacht wird auch als »Perchtennacht« bezeichnet, in der die Zeit der Dunkelheit und der Wilden Jagd endet. Es ist eine Nacht der Wunder, des Leuchtens, in der wir reflektieren und vertiefen können, was wir uns in den Rauhnächten erarbeitet haben. Die ätherischen Öle Weihrauch, Myrrhe und Idaho Grand Fir unterstützen uns dabei.

Steckbriefe der Öle

WEIHRAUCH: Zusätzlich zu der Wirkung des Weihrauchöls, die wir bereits in der zweiten und achten Rauhnacht (Steckbrief, siehe S. 72 und S. 122) erfahren durften, aktiviert es das Gedächtnis und gibt uns somit die Möglichkeit für eine tiefgründige Reflexion.

MYRRHE: Neben den Eigenschaften des Myrrhenöls, die wir uns in der achten Rauhnacht (Steckbrief, siehe S. 122) zunutze gemacht haben, harmonisiert es Körper, Geist und Seele und schärft den Blick für das Essenzielle. In Verbindung mit Weihrauch entsteht ein ganz besonderes Aroma, das sich hervorragend für festliche Anlässe eignet.

IDAHO GRAND FIR: Das ätherische Öl der Riesentanne wirkt beruhigend und zentrierend. Zudem regt es die Produktion von Noradrenalin an, einem Botenstoff, der Aufmerksamkeit, Wachheit und Konzentration fördert. Es stärkt unser Vertrauen in unsere Fähigkeiten und Kenntnisse.

Abschlussritual: Vertiefe deine Erkenntnisse

In diesem Ritual blicken wir noch einmal auf die Rauhnächte zurück. Wir verschaffen uns einen Überblick darüber, welche Erkenntnisse sie uns gebracht und welche Impulse wir gesetzt haben. Dadurch offenbart sich uns der rote Faden, der sich durch diese Zeit zieht und uns die Zukunft weist.

Du brauchst:
  * ätherische Öle: Weihrauch, Myrrhe und Idaho Grand Fir

Ziehe dich an einen ruhigen Ort zurück, lege dir die drei ätherischen Öle zurecht, und mache es dir bequem. Atme mehrmals tief ein und aus, und komme ganz bei dir an. Gehe nun gedanklich zurück in die vergangenen Rauhnächte.

Öffne dein Herz für all das, was du in dieser Zeit erfahren und lernen durftest. Lasse Dankbarkeit und Liebe in die letzten zwölf Tage fließen.

Konzentriere dich nun auf den Bereich knapp oberhalb deines Bauchnabels, den Sitz deines inneren Goldes, den Ort deiner seelischen Entfaltung. Stelle dir vor, wie in diesem Bereich ein winziges, goldenes Licht aufglimmt.

Sobald du dieses Licht gut spüren kannst, trage nacheinander 1–2 Tropfen des jeweiligen ätherischen Öls in kreisenden Bewegungen auf diesen Bereich oberhalb deines Bauchnabels auf. Stelle dir vor, wie dein inneres Gold sich dabei ganz allmählich ausweitet und immer heller strahlt. Achte beim Auftragen auch darauf, was die einzelnen Öle in dir bewirken.

Mache dir nun bewusst, welche Erkenntnisse du aus den letzten Nächten für dich mitnehmen durftest. Was hast du über dich selbst erfahren? Welche Themen waren besonders präsent? Welche Wünsche und Visionen haben sich dir gezeigt? Welche Samen hast du säen können? Auf welche Ziele hast du dich ausgerichtet? Welche Pläne hast du bereits geschmiedet?

Lasse das Gold in deinem Inneren sich so weit ausdehnen, bis es in deine Aura fließt und dich einhüllt. Verweile einige Augenblicke in dieser wunderschönen Energie.

Reibe zum Schluss deine Hände aneinander, führe sie an deine Nase, und nimm den Duft der Öle wahr, der ihnen entströmt. Vertiefe deine Atmung, und komme dann in deinem eigenen Tempo ganz in die Gegenwart zurück.

Impulse für die Königsnacht

* Umgib dich tagsüber mit dem Aroma von Weihrauch und Myrrhe, indem du jeweils 3–5 Tropfen der ätherischen Öle in den Diffuser gibst.

* Räuchere deine Umgebung mit Weihrauch und Myrrhe, und zelebriere in ihrem Duft die Königsnacht.

* Setze dir heute eine letzte Intention, mit der du das gesamte Jahr über arbeiten kannst. Gib dafür 1–2 Tropfen Weihrauchöl in eine Hand, nimm es mit dem Zeige- und dem Mittelfinger der anderen Hand auf, indem du das Öl verreibst, und trage es auf dem Bereich deines Herzens auf. Während das Aroma in deine Nase steigt, denke an deine Intention.

* Nimm dir heute die Zeit, dein Rauhnacht-Journal in Ruhe durchzulesen. Was fällt dir dabei auf?

* Welches Lied kommt dir in den Sinn, wenn du an die vergangenen Nächte zurückdenkst? Mache es zur Titelmelodie deines kommenden Jahres, indem du es dir immer wieder anhörst, es singst oder summst.

Journal-Fragen
für die Königsnacht

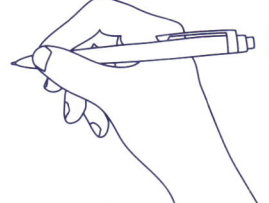

* Denke an die vergangenen zwölf Rauhnächte zurück, spüre in dich hinein, und frage dich: »Wie ist es mir während der Rauhnächte ergangen?«

* »Welches Grundgefühl und welche Energien haben mich durch diese Zeit begleitet?«

* »Wofür war ich in den letzten Nächten dankbar?«

* »Wenn ich den vergangenen Rauhnächten ein Motto geben würde, welches wäre es?«

* »Welches Ritual hat mir besonders gut gefallen, und wie kann ich es in meinen Alltag integrieren?«

Nachwort

Du hast die Rauhnächte nun intensiv erfahren und bist in die Tiefen deiner Seele eingetaucht. Dabei hast du Mut und Ausdauer bewiesen. Es ehrt uns sehr, dass du uns dein Vertrauen geschenkt und die heiligen Nächte mit uns gemeinsam begangen hast!

Du hast wahrlich Großartiges geleistet: In den Dunkelnächten hast du die Themen und Erfahrungen des vergangenen Jahres reflektiert und dich in den Rauhnächten auf die kommenden zwölf Monate vorbereitet. Du hast deine Basis für ein erfülltes Leben gelegt, dich mit deiner inneren Führung verbunden, dein Herz geöffnet, hast negative Verbindungen aufgelöst, die Beziehung zu deinen Freunden und deiner Familie bereinigt, die Umsetzung deiner Visionen für das neue Jahr geplant und vieles mehr. Du hast jeden der kommenden Monate in dein Licht und deinen Segen eingehüllt und so die idealen Voraussetzungen für deine glückliche Zukunft geschaffen.

Dass die bewusste Gestaltung deines neuen Lebens beinhaltet, dass du dich eigenverantwortlich immer wieder auf deine Ziele ausrichtest, weißt du bereits. Doch auch Erholung ist ein wichtiger Teil deines Weges. Nur wenn du dir immer wieder die Räume schaffst, dich zu regenerieren, kannst du frisch und gestärkt zur Tat schreiten. Jetzt kannst du dich erst einmal fallen lassen, dich entspannen und stolz darauf zurückblicken, was du bereits erreicht hast.

Wenn du den Wunsch verspürst, deinen Weg mit Gleichgesinnten fortzusetzen, dann möchten wir dich herzlich dazu einladen, dich unserer Community anzuschließen. Hier kannst du dich mit uns über die Rauhnächte und die Arbeit mit ätherischen Ölen austauschen. Wir können gemeinsam deine Erfolge feiern und im nächsten Jahr zusammen die Rauhnächte begehen!

Wenn du jetzt freudige Aufregung im Herzen verspürst und den Impuls, dich mit uns in Verbindung zu setzen, sende gern eine E-Mail an: info@corinnahanika.com.

Unser Wunsch für dich ist: Bleibe dran, und lasse deine Wünsche und Träume Realität werden!

Wir sehen uns auf gemeinsamen Wegen.

Deine Corinna und dein Dennis

Danksagung

von Corinna Hanika

Ein Buch ist immer wie ein »Gruß aus der Küche«. Es bietet dir einen Vorgeschmack, einen Einstieg in ein Thema. Ich freue mich sehr darüber, dass unser Werk zu dir gefunden hat, und hoffe, dass es dir auf deinem Weg dient.
Im Laufe der Zeit können sich viele Bücher ansammeln. Manche davon stehen ganz vorn im Regal, weil wir sie immer wieder gern zur Hand nehmen und uns von ihnen inspirieren lassen, und gehen sogar mit uns auf Reisen. Die wertvollsten und schönsten Werke sind jedoch die, die wir selbst schreiben, unsere Tagebücher wie das Rauhnacht-Journal, denn sie enthalten unsere Wünsche, Erfahrungen und Erkenntnisse und erinnern uns daran, dass wir selbst diejenigen sind, die unser Leben gestalten. Erst unsere Schritte und Taten führen uns ins »Abenteuer Leben«, auf das wir, wenn wir am Ende unseres Weges angekommen sind, dankbar zurückblicken können.

Dankbarkeit ist eine starke Kraft. Und so danke ich dir für deine Zeit und freue mich darauf, dich zu anderen Gelegenheiten wieder begrüßen zu können.
Ich danke meinem Co-Autor Dennis für unsere langjährige Freundschaft und unser gemeinsames visionäres Wirken. Und ich danke dem Schirner Verlag für die erneute Möglichkeit, ein Buch zu schreiben und in die Welt hinauszubringen. Vielen Dank an das gesamte Team und natürlich an unsere Lektorin für die herzliche und kompetente Zusammenarbeit.

Danke an meine Ahnen, die mir vorausgingen, danke an meine Kinder und meinen Ehemann. Ihr seid meine Mannschaft, mein Team, das mich täglich umgibt, mich anspornt und hält. Wir wachsen gemeinsam und ermutigen uns gegenseitig, unserem Seelenweg treu zu bleiben.

Unser Zuhause ist immer auch ein Anlaufpunkt für Menschen, die sich auf den Weg gemacht haben. Menschen mit offenem und mutigem Herzen umgeben uns und sind jederzeit in unserer Küche und an unserer Tafel willkommen. Und so danke ich auch meinen Freund*innen, Kund*innen und Geschäftspartner*innen. Unsere stärkste Verbindung sind dabei die ätherischen Öle. Wir lieben sie alle. Und so danke ich allen Pflanzenwesen und den Urvätern und Müttern der Aromatherapie und der Pflanzenheilkunde sowie allen Hütern der Natur.

von Dennis Möck

Ich blicke dankbar auf das zurück, was mir die Pflanzenseelen in all den Jahren, in denen ich ihre fein- und grobstofflichen Kräfte erforsche, bisher schenkten. So ist jede Anwendung eines ätherischen Öls ein heiliger und achtsamer Moment, der mich an meine wahre Natur erinnert.

Ich danke dir, liebe Corinna, für den wundervollen Flow während des Schreibens, unseren intensiven Austausch und vor allem unsere Freundschaft, die sich wie ein Band durch unsere beiden bisherigen Werke zieht und sich immer mehr verstärkt.

Ich danke meinen Eltern Sabine und Manfred dafür, dass ich ihren Stolz und ihre Liebe erfahren durfte und darf. Dafür, dass sie mir immer den Raum gaben, meine Kreativität und meine Fantasie auszudrücken.

Ich danke auch meiner Oma Hilde dafür, dass sie immer für mich da ist und stets das Gute in mir sieht.

Ich möchte meinem wundervollen Partner Eddie danken, dessen geerdete Ausstrahlung mir das gibt, was mir oft so sehr fehlt. Für all die Liebe, die Geduld und die unvergesslichen Momente.

Mein Dank gilt auch all meinen Freund*innen und Bekannten, mit denen ich Tiefgründigkeit und Albernheit erleben darf und die mich inspirieren.

Auch danke ich meinen Verlegern Heidi und Markus Schirner, zu denen ich nun schon seit vielen Jahren eine wundervolle Verbindung pflege. Durch euch ist all das möglich – danke von ganzem Herzen!

Auch unserer Lektorin Noémi möchte ich für ihre Geduld und die wundervolle Umsetzung dieses Buches danken.

Zuletzt danke ich euch, liebe Leser*innen, dafür, dass ihr dieses Buch in den Händen haltet und euch dem Geist der Pflanzenseelen öffnet.

Über die Autoren

Dennis Möck ist gelernter Mentalcoach, erfolgreicher Blogger und lebt in Dreieich (Hessen). Er bietet Einzelsitzungen, Onlinekurse sowie Ausbildungen an und veranstaltet Retreats und Workshops zu den Themen »Innenweltreisen«, »moderne Rituale« und »Aromatherapie«. Er arbeitet seit Jahren intensiv mit Kristallen und ätherischen Ölen.

www.dennismoeck.com

Corinna Hanika ist gelernte Bibliothekarin und Buchhändlerin. Ihre Verbundenheit zur Natur und ihr Interesse am Menschen führten sie schon früh über verschiedene Ausbildungen zu den ätherischen Ölen. Seit mehr als 15 Jahren bietet sie Kurse und Coachings im Bereich »Persönlichkeitsentwicklung« an. Darüber hinaus führt sie ein großes Team im Bereich »Network-Marketing«. Sie lebt in Berlin und arbeitet in der ganzen Welt.

www.corinnahanika.com

Bildnachweis

Bilder von der Bilddatenbank www.shutterstock.com:

Schmuckelemente: Hintergrund von Widmung und Inhaltsverzeichnis # 783135121 (© Dzmitrock), Hintergrund von Ritualen # 169080890 (© Paladin12), # 203699698 (© paprika), # 754077586 (© antuanetto), Hintergrund von Impulsen und Journal-Fragen # 726265828 (© FreshBackgrounds), Schneeflocke bei Impulsen # 106510538 (© Kichigin), Hand mit Stift bei Journal-Fragen # 2035030847 (© str33t cat), Hintergrund von Steckbriefen # 754077586 (© antuanetto), # 726265828 (© FreshBackgrounds), Hintergrund von Tipps # 1227877657 (© TierneyMJ), Hintergrund von Inspiration: Nabhi Chikitsa # 740771605 (© Koson), # 726265828 (© FreshBackgrounds), Hintergrund der restlichen Seiten # 1227877657 (© TierneyMJ), # 1539545639 (© Lovecta), runde Bilderrahmen mit Schneeflocken # 2089167160 (© FrogMugi), weitere Schneeflocken # 84504100 (© debra hughes), # 1909381300 (© Mallinka1)

Weitere Bilder: S. 10: # 169080890 (© Paladin12), # 1774924103 (© KM Graphic), S. 17: # 1456216820 (© New Africa), S. 18: # 1738850738 (© Mia Stendal), S. 20: # 92746549 (© Petar Paunchev), S. 22: # 353667206 (© Mr Dasenna), S. 25: # 1042277725 (© Asmiana), S. 26: # 766492282 (© Maddas), S. 29: # 2019855962 (© Nishi's Images), S. 30: # 781298896 (© Timothy Yue), S. 31: # 657141085 (© Scisetti Alfio), S. 34: # 2005446515 (© ju_see), S. 35: # 1240305415 (© 5 second Studio), S. 37: # 2076349948 (© Maria Symchych), S. 38: # 169080890 (© Paladin12), # 1774924103 (© KM Graphic), S. 41: # 217118956 (© Lyudmila Osokina), S. 45: # 519313138 (© Subbotina Anna), S. 48: # 1571020129 (© Pixel-Shot), S. 50: # 1888941952 (© Dasha Petrenko), S. 54: # 365352284 (© Alik Mulikov), S. 57: # 71878487 (© 279photo Studio), S. 59: # 1681309198 (© Madeleine Steinbach), S. 60/61: # 522096343 (© Melinda Nagy), S. 60/61: # 115762498 (© Volodymyr Burdiak), S. 62–64: # 353194088 (© Roman Shatkhin), S. 67: # 338061977 (© sondem), S. 68: # 1062446879 (© CoralAntlerCreative), S. 69: # 1254997771 (© muratart), S. 70/71: # 2112490418 (© perfectlab), S. 72: # 1039503418 (© Madeleine Steinbach), S. 72: # 2154601897 (© vandycan), S. 73: # 1248158992 (© Doidam 10), S. 77: # 499772095 (© Alena Ozerova), S. 79: # 180807422 (© STUDIO GRAND WEB), S. 80/81: # 246135163 (© Sogodel Vlad), S. 82: # 656063617 (© de2marco), S. 82: # 655581166 (© Olexandr Panchenko), S. 83: # 569993758 (© kovop58), S. 84: # 2179548445 (© Inara Prusakova), S. 88–90: # 644773606 (© Vlad Sokolovsky), S. 91: # 354705974 (© raksina), S. 91: # 295979927 (© Valentina Razumova), S. 95: # 1975872875 (© Rawpixel.com), S. 96–98: # 1194842899 (© Fanfo), S. 99: # 1890476245 (© NIKCOA), S. 99: # 2014207847 (© Scisetti Alfio), S. 104/105: # 1198977394 (© Yevhenii Chulovskyi), S. 106: # 1770595919 (© anny ta), S. 106: # 2008386683 (© spline_x), S. 106: # 2082859600 (© Scisetti Alfio), S. 107: # 1705277197 (© danish64), S. 108/109: # 2090534233 (© ARVD73), S. 111: # 1219882252 (© yanikap), S. 112/113: # 776974060 (© Patryk Kosmider), S. 114: # 2099803270 (© Svetlana Zhukova), S. 115: # 1920229598 (© PV productions), S. 116/117: # 1025177572 (© Sabina Susnik), S. 120: # 1864642069 (© LilKar), S. 120/121: # 162382265 (© LilKar), S. 122: # 2112362879 (© Dionisvera), S. 122: # 1329246029 (© spline_x), S. 123: # 1334862746 (© Nataly Studio), S. 125: # 655244674 (© Valentina_G), S. 127: # 1576720693 (© muratart), S. 128/129: # 342476306 (© Creative Travel Projects), S. 130: # 1902117031 (© xpixel), S. 130: # 1877175055 (© Olga_Shestakova), S. 131: # 371844418 (© Valentyn Volkov), S. 133: # 336096275 (© conzorb), S. 136/137: # 339439214 (© canadastock), S. 138: # 1470810236 (© Scisetti Alfio), S. 138: # 297827549 (© Fablok), S. 139: # 1171407589 (© Lena Serditova), S. 142/143: # 786877108 (© VIKTOR KHYMYCH), S. 146/147: # 1074480860 (© Denis Belitsky), S. 148: # 1788737471 (© shansh23), S. 149: # 2025090602 (© Jozef Klopacka), S. 150/151: # 1815760466 (© Rusya007), S. 153: # 1120773005 (© Mumemories), S. 154: # 2048236250 (© Igor Klyakhin), S. 154/155: # 2090032879 (© Here), S. 155: # 1185142474 (© Erkki Makkonen), S. 157: # 89744419 (© aaltair), S. 161: # 751572058 (© Cristian Mircea Balate), S. 162/163: # 1233145603 (© biletskiyevgeniy.com), S. 164: # 1011710140 (© AmyLv), S. 164: # 500138632 (© valzan), S. 164: # 2154601897 (© vandycan), S. 165: # 127535933 (© Marianna Kalashnyk), S. 166/167: # 129644555 (© littlenySTOCK), S. 169: # 2078997262 (© lunzhakova Iuliia)